大学入学 共通テスト

英語 [リーディング]

予想問題集

河合塾講師
宮下 卓也

＊この本は，2019年10月に小社より刊行された『大学入学共通テスト 英語[リーディング]予想問題集』の改訂版です。

KADOKAWA

　2021年入試から，新たに大学入学共通テストが実施されました。従来のセンター試験とは形式も内容も，そして分量も異なり，また過去問題もほとんどないことから不安を感じている受験生の方も少なくないと思います。新たな制度が導入されるとき，混乱はつきものです。

　では，共通テストに対しては何も手を打つことができないのでしょうか。決してそんなことはありません。すでに，共通テストの試行調査が2回，第1回の試験が第1日程と第2日程の2回，実施されています。これらは，本番の試験に向けて対策をするうえで大切なことがたくさん詰まった，本当に貴重な宝箱のようなものです。

　本書ではまず，第1回第1日程の共通テストの問題を実際に解いてもらいます。本書の解説を読んでもらえば，共通テストでどのような力が求められるのかがはっきりとわかります。

　そして，求められる力をつかんだら，今度は予想問題を解きます。本書には，たっぷり3回分の予想問題が入っています。共通テストを徹底分析して得られた，いわば共通テストのエッセンスが凝縮された問題を厳選しています。形式についても，予想問題の第1回は共通テスト第1日程，第2回は共通テスト第2日程，第3回は試行調査第1回および第2回に合わせてありますから，効率的に対策を進められるはずです。

　予想問題の演習を通して，本番前の力試しができるだけでなく，共通テストで求められることが自然に身につくように設計されています。

　本書が，この混乱の時代において，大学入試に真剣に立ち向かう受験生にとっての一筋の光明となってくれたら，筆者としてこれほどうれしいことはありません。

謝辞
　いつも的確なアドバイスと丁寧な編集作業をしてくださる丸岡希実子さん。英文校閲をしてくださったキャサリン・A・クラフト先生。校正をしてくださった株式会社鷗来堂の皆さん。日頃から様々な疑問や不安をぶつけてくれる生徒の皆さん。執筆作業をいつも支えてくれる家族。皆さんのおかげでこの本を世に送り出すことができました。本当にありがとうございます。

みやしたたくや
宮下卓也

はじめに ………………………… 2　　この本の特長と使い方 …… 4

分析編

共通テストとセンター試験はここが違う ……………………… 5
共通テスト・第1日程の大問別講評 ………………………… 6
共通テストで求められる学力 ………………………………… 8
共通テスト対策の具体的な学習法 …………………………… 9

解答・解説編

2021年1月実施　共通テスト・第1日程
　解答 ………………………… 11　　解説 ……………………… 12
予想問題・第1回
　解答 ………………………… 59　　解説 ……………………… 60
予想問題・第2回
　解答 ………………………… 101　　解説 ……………………… 102
予想問題・第3回
　解答 ………………………… 143　　解説 ……………………… 144

別　冊

2021年1月実施　共通テスト・第1日程
予想問題・第1回／予想問題・第2回／予想問題・第3回

この本の特長と使い方 🖉

【この本の構成】 以下が，この本の構成です。

別　冊

- 「問題編」：2021年1月に実施された共通テスト1回分と，試験本番で出題される可能性が高い形式による予想問題3回分の，計4回分からなります。

本　冊

- 「分析編」：共通テストの傾向を分析し，具体的な勉強法などに言及しています。
- 「解答・解説編」：共通テストで問われる「思考力・判断力・表現力」の養成に役立つ実践的な説明をしています。

【「解答・解説編」の構成】 以下が，大問ごとの解説に含まれる要素です。

- 難易度表示： 易 ／ やや易 ／ 標準 ／ やや難 ／ 難 の5段階です。
- 解説：小問単位で書かれています。
  - 語句・文法：本文で出てきた重要語句を載せています。また，重要な文構造について説明を加えています。
  - 難易度表示：大問ごとの難易度表示と同じく， 易 ／ やや易 ／ 標準 ／ やや難 ／ 難 の5段階です。
  - 思：「思考力・判断力・表現力」を必要とする設問に付されています。
  - 小問のタイトル：例えば，【事実と意見を区別する】のように，小問ごとのねらいや出題意図を示しています。
  - 解説：本文の根拠箇所の解説のみならず，原則として誤りの根拠にまで踏み込んで解説をしています。

【この本の使い方】 共通テストは，単純な知識や決まりきった解き方だけ覚えても得点できない試験です。この本の解説を，設問の正解・不正解にかかわらず完全に理解できるまで何度も読み返すことにより，センター試験時代以上に重視されている「思考力・判断力・表現力」を身につけていってください。

分 析 編

共通テストとセンター試験はここが違う

【出題分野】　センター試験で出題されていた発音・アクセント問題や整序問題，4択の文法・語法問題は姿を消し，すべての問題が読解問題になりました。とはいえ，文法・語法の知識がいらないかというと，そんなことはありません。共通テストでは，長文の中で文法・語法上の知識を問う問題も出題されています。また，文章を読んで事実や意見等を整理する力や，複数の根拠箇所から正解を導く力，表やグラフなどから必要な情報を読み取る力等がセンター試験よりも重視されています。センター試験でも，本文の記述の正確な理解をもとに，複雑な作業をさせる問題は出題されていましたが，共通テストではその傾向がいっそう顕著になっています。いわゆる思考力を問う問題が，各大問のいたるところにちりばめられています。

【出題分量】　2021年1月の共通テスト第1日程の長文の総語数は約5,500語で，2020年のセンター試験を1,200語以上上回りました。また，第2回の試行調査（約5,100語）と比較しても若干増えていました。制限時間は80分でセンター試験と同じままですから，共通テストではセンター試験よりも速く文章を読むことが求められていると言えます。

【難易度】　文構造の複雑さや，問われている文法・語法，語彙等のレベルはセンター試験よりも下がっているため，文章自体は読みやすくなったと言えます。とはいえ，総語数の増加に伴い，時間の制限はセンター試験よりも厳しくなっています。また，設問に答える過程で複雑な作業や計算が要求されたり，読み取った内容をもとに推測する力が求められたりする問題もあります。そのため，素早く正確に英文を読む練習をしていないと難しく感じられるでしょう。

共通テスト・第1日程の大問別講評

＊併せて，別冊に掲載されている問題も参照してください。

第1問 　易　　Aでは「USB メモリの忘れ物」についての携帯メッセージのやり取りが示され，それについての理解を問う問題が出題されています。全体的に，平易で口語的な表現を用いて書かれています。

　易　　Bではウェブサイトに掲載された「ミュージシャンのファンクラブ入会特典」の告知記事が示され，それについての理解を問う問題が出題されています。英文，表とその注釈からなる告知の中から，必要な情報を素早く探して判断する力を測る実践的な問題であったと言えます。

第2問 　易　　Aでは「イギリスの学校の学園祭で行われたバンドコンテスト」における，各バンドの評価表と，審査員からのコメントや総合評価を読み取り，それに対する設問に答える問題が出題されています。情報が各所に散らばっているため，1つの設問に解答するのに複数の箇所を参照する必要がある問題もありました。また，「事実」と「意見」を区別する問題が出題されています。

　やや易　　Bでは「下校時刻の繰り上げ」という学校の新方針についてのオンライン掲示板上でのやり取りが示され，それについての理解を問う問題が出題されています。生徒と新校長のやり取りという，実際のコミュニケーション活動を想定した出題でした。「事実」と「意見」を区別する問題や反論の根拠となるものを選ぶ問題など，思考力を問う問題が出題されています。

第3問 　やや易　　Aでは「ホテルがおすすめかどうか，空港からの行き方」について，ウェブサイト上の Q&A および乗り換え案内図が示され，それについての理解を問う問題が出題されています。第2問 B などと同様，本問も実際の旅行の計画を立てる場面を想定した，より実生活に近い場面設定での出題でした。根拠となる箇所が Q&A と乗り換え案内図の両方にある問題もあり，複雑な情報処理が求められました。

　やや易　　Bでは「資金を集めるボランティアの募集」についての学校のニュースレター（学校新聞）が示され，それについての理解を問う問題が出題されています。試行調査でも出題された時系列を問う問題が出題され，過去完了の理解が問われました。

第4問 標準 「姉妹校の生徒をもてなすスケジュール」について，メールのやり取り，時刻表，混雑度を表すグラフが示され，それらについての理解を問う問題が出題されています。2つのメールが示されているので，それぞれの内容を併せて読む必要がありました。また，時刻表やグラフの情報の読み取りも重要な要素となり，英文の理解だけでなく，複雑な情報処理を要求する作業量の多い問題であったと言えます。プログラムの目的から目的地としてふさわしいものを選ぶ問題もあり，趣旨から推測するという意味で思考力が問われました。

第5問 標準 「牛に芸を教えた女性」についての記事を読み，その理解を問う問題が出題されています。高校の授業での実践を意識したプレゼンテーション用のスライドを完成させる形式で，情報を整理し，要約する能力が求められていました。具体的には，起こった出来事を時系列に並べたり，登場者の関係性を整理したりすることが求められました。また，典型的な内容一致問題も出題されています。

第6問 標準 Aでは「アイスホッケーの安全性向上」についての記事が示され，それについての理解を問う問題が出題されています。ポスターの空所を補充して完成させる形式です。concussion「脳しんとう」という，受験生にはなじみのない語が使われていましたが，ポスター中にその詳細な説明があるため，あらかじめポスターに目を通し，英文の論点を大まかにつかんでおくことが読解のヒントになりました。選択肢の内容が本文の内容の「言い換え」になっている問題や，implement「実行する」という比較的難しめの単語を含む問題などもあり，受験生の間で差がついた問題となっています。

標準 Bでは「天然および人工の甘味料」についての文章の理解を問う問題が出題されています。一般的な論説文であり，その内容理解が問われました。根拠の箇所が各所に散らばっている問題もありました。

共通テストで求められる学力

【 出題のねらい 】　主に以下の3つの学力を測る出題だと言えます。

● 英文読解力

　共通テストでは，センター試験と比べ，英文の分量が増えています。一方で制限時間は変化しておらず，長い文章を限られた時間内に読み取る英文読解力をつける必要があります。この英文読解力とは，具体的には構文・文法をもとに文の構造を正確につかむ力，文同士の関係を素早く見抜く力，段落ごとに意味を把握する力です。

● 情報整理力

　共通テストでは，グラフや1つまたは複数の文章から情報を整理させる問題が出題されています。特に重要なのは，意見と事実を区別する力，賛成の根拠と反対の根拠を整理する力，出来事を時系列に整理する力です。

● 「言い換え」把握力

　共通テストでは，本文の表現が選択肢で言い換えられている問題が数多く出題されています。「言い換え」と言っても，様々なレベルがあり，大きく次の3つに分類することができます。単語レベルでの言い換え，本文の表現からの推論が必要な言い換え，ある表現を要約する言い換えです。異なるレベルの「言い換え」に気づくことができるようになる必要があると言えます。

【 問題の解き方 】

● 消去法をうまく使う

　共通テストでは，本文に記述のないものが選択肢として書かれていることが多いと言えます。そこで，本文に書かれていないものを選択肢から消去していくのがおすすめです。本文に書かれていないかどうかを判断するためには，本文全体に目を通している必要があります。したがって，設問だけを見て部分的に文章を読むなどの小手先のテクニックを使うのは非常に危険です。わからないところは飛ばしながらでいいので，本文を「普通に」前から読み進める，正攻法の解き方で対策をしておきましょう。

共通テスト対策の具体的な学習法

● 構文・文法・単語が英文読解の基礎 ：共通テストでは，大量の英文を一定の制限時間内に読むことが要求されます。そこで必要になるのが，精読をする力です。1文1文をゆっくり正確に読めないのに，英文を速く正確に読めるようになることはありません。一見回り道のように見えても，まずは構文・文法・単語をバランスよく身につけながら精読をし，ある程度どのような文でも読める力を身につけるべきです。そして，精読がそれなりにできるようになってきたら，量をこなすことも大切です。比較的簡単な英文を素材に，前から止まらずに英文を読み，その意味をつかむ力を身につけましょう。なお，共通テストでは，文法事項を理解しているかを問う問題や単語の意味を覚えているかを問う問題も出題されています。

● センター試験の過去問の有効利用 ：文同士の論理関係を読み取る力，段落や文章の要約をする力，文章とグラフから必要な情報を読み取って整理する力など，共通テストで要求される力の多くはセンター試験でも問われていました。センター試験は何度も形式の変更を繰り返してきましたが，結局のところ問われている力はさほど変わっていません。そして，共通テストでも同じことが問われ，その傾向は今後も続くと予想されます。ですから，形式の違いはあれ，センター試験の過去問を使って勉強することは共通テストの有効な対策となります。共通テストはまだ過去問も少ないため，ぜひセンター試験の過去問も活用しましょう。

● 試験形式への慣れ ：共通テストでも，英語そのものの力が大切なのは言うまでもありません。しかし，事実と意見を区別して整理する問題，出来事を起こった順に並べる問題など，特有の問題形式が見られます。こうした問題形式には慣れていた方が圧倒的に有利です。文章そのものを読むことに集中でき，時間短縮にもなるからです。試験本番に向け，本書で共通テストの問題と予想問題を解き，試験形式に慣れておきましょう。

本文デザイン／株式会社ワーク・ワンダース
校正／株式会社鷗来堂
英文校閲／Kathryn A. Craft

共通テスト・第1日程　解答

問題番号(配点)	設問		解答番号	正解	配点	問題番号(配点)	設問		解答番号	正解	配点
第1問(10)	A	1	1	1	2	第4問(16)	1		24	1	2
		2	2	2	2				25	5	2
	B	1	3	4	2		2		26	2	3
		2	4	4	2		3		27	2	3
		3	5	3	2		4		28	2	3
第2問(20)	A	1	6	2	2		5		29	4	3
		2	7	2	2	第5問(15)	1		30	3	3
		3	8	1	2		2		31	4	3
		4	9	3	2		3		32	4	3*
		5	10	5	2				33	3	
	B	1	11	4	2				34	5	
		2	12	4	2				35	1	
		3	13	2	2		4		36-37	1-3	3*
		4	14	2	2		5		38	1	3
		5	15	1	2	第6問(24)	A	1	39	4	3
第3問(15)	A	1	16	3	3			2	40	3	3
		2	17	2	3			3	41	4	3
	B	1	18	4	3*			4	42	2	3
			19	2			B	1	43	3	3
			20	1				2	44	3	3
			21	3				3	45-46	3-5	3*
		2	22	2	3			4	47	4	3
		3	23	2	3						

(注)
1 ＊は，全部正解の場合のみ点を与える。
2 －（ハイフン）でつながれた正解は，順序を問わない。

情報の探し読みを通じて，必要な情報を読み取る力を問う問題

A 携帯メッセージのやり取りを読んで意図を把握する問題　易

イントロダクション

携帯メッセージのやり取りが示され，それについての理解を問う問題。

語句・文法

導入

▶ text message「携帯メッセージ」
▶ mobile phone「携帯電話」
▶ request「要求」

携帯メッセージ

❷▶ USB memory stick「USB メモリースティック，USB メモリ」＊電子データの保存に用いる記憶媒体。
❸▶ forget to *do*「…するのを忘れる」
⓬▶ laptop computer「ノートパソコン」
⓬▶ just in case「万一の場合に備えて，念のため」
⓯▶ bottom「底」
⓰▶ relief「安心」

設問解説

問1 【「依頼」を表す表現に着目する】　1　正解：①　易

> ジュリーの要望は何だったか。1
> ①「彼女の USB メモリを持ってくること」
> ②「彼女の歴史の宿題を提出すること」
> ③「彼女に USB メモリを貸すこと」
> ④「彼女の歴史の宿題を印刷すること」

❺より，ジュリーは USB を持ってきてほしいことがわかるため，①が正解。②，③，④は本文に記述がないため，誤り。

問2 【メッセージのやり取りの流れを追う】　2　正解：②　易　思

> ジュリーの2つ目の携帯メッセージに対して，あなたはどのように答えるか。
> 2

分析編

解答・解説編

共通テスト・第1日程

予想問題・第1回

予想問題・第2回

予想問題・第3回

① 「心配しないで。見つかるよ。」
② 「それを聞いて本当にうれしいよ。」
③ 「もう一度かばんの中を見てごらん。」
④ 「君は落胆しているに違いないね。」

　ジュリーは2つ目の携帯メッセージで，持ってくるのを忘れたと思っていた USB が見つかったことを伝えている。そこで，応答としてかみ合うものを選ぶ。②が正解。①，③，④は USB が見つかっていないことを前提にした応答であるため，誤り。

日本語訳

導入　あなたの寮のルームメイトであるジュリーが，あなたの携帯電話にお願いのメッセージを送ってきた。

❶ヘルプ!!!
❷昨日の晩，USB メモリに歴史の宿題を保存したんだ。
❸大学の図書館で今日の午後にそれを印刷しようとしてたんだけど，その USB を持ってくるのを忘れちゃって。
❹今日の午後4時までに先生に1部提出しなきゃいけないの。❺図書館に私の USB を持ってきてくれないかな？
❻机の上に置いた私の歴史の本の上にあると思うんだけど。❼本はいらないよ，USB だけね♡

❽ごめんジュリー，見つからなかったよ。❾歴史の本はあるんだけど，USB メモリはなかった。❿ありとあらゆるところを捜したし，君の机の下まで捜したんだけどな。⓫本当に持っていないの？⓬念のため，君のノートパソコンを持っていくよ。

⓭あなたの言うとおりだった！⓮確かに持ってた。⓯かばんの奥の方にあったわ。⓰ほっとした！
⓱とにかくありがとう☺

ウェブサイトの告知から必要な情報を読み取る問題 　　　易

イントロダクション

　ウェブサイトに掲載された「ミュージシャンのファンクラブ入会特典」の告知記事が示され，それについての理解を問う問題。

語句・文法

導入
▶ official「公式の」

第❶パラグラフ
❷▶ keep up with A「A に遅れずについていく」
❷▶ latest「最新の」
❷▶ take part in A「A に参加する」
❹▶ contain O「O を含んでいる」
❹▶ a copy of A「A（CD など）1 部，1 枚」
❹▶ album「（音楽の）アルバム」
❺▶ deliver O「O を配達する」

表
▶ postcard「ポストカード，絵葉書」
▶ signing event「サイン会」

表の注釈
▶ discount「割引」
▶ fee「料金」
▶ either X or Y「X または Y」
▶ whether S V ...「…するかどうかにかかわらず，…であれ～であれ」

設問解説

問 1 【新規会員特典の内容を読み取る】　　3　　　正解：④　　易

> 　　新規会員パックは，　3　。
> ①「TQ のファーストアルバムを含んでいる」
> ②「5 月 10 日に届く」
> ③「10 ドルの配送料が必要だ」
> ④「到着するのに約 7 日かかる」

　第❶パラグラフ ❺より，④が正解。本文の a week or so after ...「…から 1 週間前後で」が，選択肢では about seven days「約 7 日」と言い換えられている。①は 第❶パラグラフ ❹に，③は 表の注釈 ◇2つ目に反し，それぞれ誤り。②は本文に記述がないため，誤り。

問2 【表から必要な情報を読み取る】 [4] **正解**：④ 易 思

> 　　新規ペーサー会員になると何が得られるか。[4]
> ①「コンサートチケットの割引とカレンダー」
> ②「定期配信の e メールとサイン会への招待」
> ③「ツアー情報と毎月届くポストカード」
> ④「ビデオメッセージとオンラインマガジンへのアクセス」

　表 の「会員資格の選択肢：ペーサー」より，④が正解。**表** の online magazine password「オンラインマガジンのパスワード」が，選択肢では access to online magazines「オンラインマガジンへのアクセス」と言い換えられている。①，②，③は **表** に反し，誤り。

問3 【会員資格についての情報を読み取る】 [5] **正解**：③ 易

> 　　1年間ファンクラブ会員になった後，[5]ことができる。
> ①「50 ドルの料金を支払ってズーマー会員になる」
> ②「4 ドルで新規会員パックをもらう」
> ③「半額で会員資格を更新する」
> ④「無料で会員資格をアップグレードする」

　表の注釈 ◇3つ目より，③が正解。**表の注釈** の at a 50% discount「50 ％割引で」が，選択肢では at half price「半額で」と言い換えられている。①は **表** と **表の注釈** ◇3つ目に（ズーマー会員にアップグレードするのに必要な料金は 60 ÷ 2 = 30 ドル），④は **表の注釈** ◇3つ目に反し，それぞれ誤り。②は本文に記述がないため，誤り。

導入 あなたのお気に入りのミュージシャンが日本でコンサートツアーを行う予定であり，あなたはそのファンクラブに入ることを検討している。あなたはファンクラブの公式ウェブサイトにアクセスする。

タイラー・クイック　ファンクラブ

第❶パラグラフ ❶タイラー・クイック（TQ）のファンクラブ会員になると，楽しいことがとてもたくさんあります！❷最新のニュースについていくことができ，わくわくする数多くのファンクラブ会員イベントに参加できます。❸すべての新規会員が，新規会員パックを受け取ります。❹そこには，会員証，無料のサイン入りポスター，TQ のサード・アルバム『スピーディング・アップ』1枚が含まれます。❺新規会員パックは自宅へ配達され，ファンクラブ入会から1週間前後で届く予定です。

第❷パラグラフ ❶TQ は世界中で愛されています。❷どの国からも入会でき，会員証は1年間使えます。❸TQ ファンクラブには，ペーサー，スピーダー，ズーマーの3種類の会員資格があります。

以下の会員資格の選択肢から選んでください。

会員特典（♬）	会員資格の選択肢		
	ペーサー （20 ドル）	スピーダー （40 ドル）	ズーマー （60 ドル）
定期配信の e メールおよびオンラインマガジンのパスワード	♬	♬	♬
コンサートツアー日程の先行情報	♬	♬	♬
TQ による週1回配信のビデオメッセージ	♬	♬	♬
月1回配送の写真入りポストカード		♬	♬
TQ ファンクラブカレンダー		♬	♬
特別サイン会へのご招待			♬
コンサートチケット 20％オフ			♬

◇5月10日までにご入会で，会費10ドル割引！

◇新規会員パックは4ドルの配送料がかかります。

◇1年目の終わりに，50％割引で，会員資格を更新またはアップグレードいただけます。

ペーサーでもスピーダーでもズーマーでも，TQ ファンクラブ会員であることをとても気に入るでしょう。詳しい情報を知りたい方，入会したい方は，ここをクリック。

<table>
<tr><td>分析編</td></tr>
<tr><td>解答・解説編</td></tr>
<tr><td>共通テスト・第1日程</td></tr>
<tr><td>予想問題・第1回</td></tr>
<tr><td>予想問題・第2回</td></tr>
<tr><td>予想問題・第3回</td></tr>
</table>

第2問　短い英文や表の要点をとらえ，事実と意見の違いを整理する力を問う問題

A　バンドの評価表や審査員のコメントから情報を読み取る問題　　易

イントロダクション

　イギリスの学校の学園祭で行われたバンドコンテストにおける，各バンドの評価表と，審査員からのコメントや総合評価を読み取り，それに対する設問に答える問題。

語句・文法

導入

▶ in charge of A「A について責任がある，A を担当している」

▶ competition「競争，大会」

▶ judge「審査員」

表：審査員の最終平均スコア

▶ average「平均の」

▶ quality「質，技能」

▶ performance「演奏」

▶ originality「独創性」

審査員の個別コメント

▶ individual「個別の」

ホッブズ氏❶▶ connected with A「A とつながっている」

リー氏❷▶ It は how 以下を真主語とする形式主語。

審査員間で共有された評価

▶ evaluation「査定，評価」

▶ summarise O「O を要約する，手短に述べる」＊イギリス英語。アメリカ英語では summarize とつづる。

第❶パラグラフ　❹▶ first place「第 1 位」

第❶パラグラフ　❹▶ determine O「O を決定する」

第❷パラグラフ　❶▶ suggest O「O を示唆する，提案する」

第❷パラグラフ　❷▶ agree on A「A に関して同意する」

問1 【バンドの評価表から歌唱力が最も高いバンドの情報を読み取る】

  6   正解：② 標準 思

> 審査員の最終平均スコアに基づくと，どのバンドが最も歌がうまかったか。
>   6
> ①「グリーン・フォレスト」
> ②「マウンテン・ペア」
> ③「サイレント・ヒル」
> ④「サウザンド・アンツ」

　設問文の sang the best「最も歌がうまかった」から， 表：審査員の
最終平均スコア の Singing「歌唱力」の項目に着目する。「歌唱力」の点
数が最も高いのはマウンテン・ペアである（4.9）ため，②が正解。

問2 【審査員の評価の概要を読み取る】   7   正解：② 易 思

> どの審査員が肯定的なコメントと批判的なコメントの両方を出したか。
>   7
> ①「ホッブズ氏」
> ②「リー氏」
> ③「ウェルズ氏」
> ④「1人もいない」

　 審査員の個別コメント リー氏❹，❺より，②が正解。逆接を表す but の
前後で反対の評価が述べられている。

問3 【事実と意見を区別する】   8   正解：① やや易 思

> 審査員の個別コメントからわかる事実は， 8 ということだ。
> ①「すべての審査員がグリーン・フォレストの歌を賞賛した」
> ②「グリーン・フォレストはもっと練習をする必要がある」
> ③「マウンテン・ペアはとてもうまく歌を歌うことができる」
> ④「サイレント・ヒルは将来有望である」

　 審査員の個別コメント ホッブズ氏❸，❹， 審査員の個別コメント リー
氏❺， 審査員の個別コメント ウェルズ氏❶〜❸より，すべての審査員が
グリーン・フォレストの歌を賞賛しているため，①が正解。②と④はリー氏，

③はホッブズ氏の「意見」であるため，誤り。

問4 【事実と意見を区別する】　　9　　正解：③　易　思

>　　審査員のコメントおよび共有された評価からわかる意見は，　9　ということだ。
> ①「評価されたバンドそれぞれが同じ合計点を得た」
> ②「独創性についてのウェルズ氏の提案は同意された」
> ③「サイレント・ヒルは本当に聴衆と一つになった」
> ④「審査員のコメントが順位を決めた」

　審査員の個別コメント　ホッブズ氏❶より，③が正解。①，②，④は「事実」であるため，誤り。

問5 【バンドの評価表と審査員のコメントからバンドの順位を読み取る】
　10　　正解：⑤　やや易　思

>　　審査員間で共有された評価に基づくと，以下のうちどれが最終的な順位か。
>　10
>
> | | 1位 | 2位 | 3位 |
> |---|---|---|---|
> | ① | 「グリーン・フォレスト | マウンテン・ペア | サイレント・ヒル」 |
> | ② | 「グリーン・フォレスト | サイレント・ヒル | マウンテン・ペア」 |
> | ③ | 「マウンテン・ペア | グリーン・フォレスト | サイレント・ヒル」 |
> | ④ | 「マウンテン・ペア | サイレント・ヒル | グリーン・フォレスト」 |
> | ⑤ | 「サイレント・ヒル | グリーン・フォレスト | マウンテン・ペア」 |
> | ⑥ | 「サイレント・ヒル | マウンテン・ペア | グリーン・フォレスト」 |

　まず，　**表：審査員の最終平均スコア**　と　**審査員間で共有された評価**　第1パラグラフ❷，❸より，「演奏」の得点が最も高いサイレント・ヒルが1位であるとわかる。また，　**表：審査員の最終平均スコア**　と　**審査員間で共有された評価**　第2パラグラフ❶，❷より，「歌の独創性」の得点がより高いグリーン・フォレストが2位，マウンテン・ペアが3位であるとわかる。⑤が正解。

導入　イギリスの学園祭のバンドコンテストを担当する学生として，あなたは順位を理解し説明するために，3人の審査員からのすべての得点とコメントを調べている。

審査員の最終平均スコア				
技能 バンド名	演奏 (5.0)	歌唱力 (5.0)	歌の独創性 (5.0)	合計 (15.0)
グリーン・フォレスト	3.9	4.6	5.0	13.5
サイレント・ヒル	4.9	4.4	4.2	13.5
マウンテン・ペア	3.9	4.9	4.7	13.5
サウザンド・アンツ	(演奏しませんでした)			

審査員の個別コメント	
ホッブズ氏	❶サイレント・ヒルはパフォーマンスが素晴らしく，本当に聴衆と一つになっているように思えた。❷マウンテン・ペアは歌唱力が素晴らしかった。❸私はグリーン・フォレストの独創的な歌がとても気に入った。❹見事だった！
リー氏	❶サイレント・ヒルの演奏はとても良かった。❷聴衆が彼らの音楽に反応している様子は，びっくりするほど素晴らしいものだった。❸サイレント・ヒルはこれから売れると本当に思う！❹マウンテン・ペアは声が良かったが，ステージ上では興奮させてくれなかった。❺グリーン・フォレストは素敵な新曲を演奏したが，もっと練習する必要があると思う。
ウェルズ氏	❶グリーン・フォレストには新曲がある。❷それがとても気に入った！❸大ヒットになるだろうと思う！

審査員間で共有された評価（ホッブズ氏による要約）
第❶パラグラフ　❶全バンドの合計点が同じですが，それぞれのバンドには大きな違いがあります。❷リー氏と私はバンドにとって演奏が最も重要な技能であるという点で意見が一致しました。❸ウェルズ氏も同意してくれました。❹したがって，1位は容易に決まります。
第❷パラグラフ　❶2位と3位を決めるため，ウェルズ氏は歌の独創性が歌のうまさよりも重要であると提案しました。❷リー氏と私はこの意見に同意しました。

イントロダクション

「下校時刻の繰り上げ」という学校の新方針についてのオンライン掲示板上でのやり取りが示され，それについての理解を問う問題。

語句・文法

導入
- ▶ hear about A「A について聞く」
- ▶ policy「方針」
- ▶ exchange student「交換留学生」
- ▶ discussion「議論」
- ▶ online forum「オンライン掲示板，インターネット掲示板」

ケンの投稿
- ▶ post O「O を投稿する」

第❶パラグラフ
- ❶▶ on behalf of A「A を代表して，A のために」
- ❷▶ background「経歴，背景」

第❷パラグラフ
- ❶▶ concern「懸念，心配」
- ❶▶ you are proposing ... schedule は the change を修飾する形容詞節。
- ❷▶ realise O「O をわかる，O に気づく」＊イギリス英語。アメリカ英語では realize とつづる。
- ❷▶ save O「O を節約する」
- ❸▶ this is why ...「こういうわけで…」
- ❹▶ take O seriously「O を真剣に [真面目に] とらえる」
- ❹▶ both X and Y「X と Y の両方」
- ❺▶ a number of A「たくさんの A，いくつかの A，何人かの A」
- ❺▶ as they have always done は，as they have always stayed at school until 6.00 pm ということ。as は「…ように，…と同じように」という意味。
- ❻▶ ask O to *do*「O に…するよう求める」

バージャー校長の投稿

第❷パラグラフ
- ❶▶ have nothing to do with A「A と全く関係がない」
- ❸▶ due to A「A が原因で」
- ❸▶ increase in A「A の増加」
- ❸▶ serious crime「重大な犯罪」
- ❹▶ would like O to *do*「O に…してほしいと考える」

問1 【新方針に対するケンの考えを把握する】　　11　　**正解**：④　　（易）

　　　ケンは新方針　　11　　と考えている。
　①「によって生徒にもっと勉強させることができる」
　②「によって学校の安全性が向上するかもしれない」
　③「がすぐに導入されるべきである」
　④「によって放課後の活動時間が減るだろう」

　ケンの投稿 第**2**パラグラフ ❶，❸より，④が正解。①，②，③は本文に記述がないため，誤り。

問2 【事実と意見を区別する】　　12　　**正解**：④　　（易）（思）

　　　掲示板へのケンの投稿において述べられている**事実**は，　　12　　ということだ。
　①「方針についてもっと議論する必要がある」
　②「校長の経験が学校を良くしている」
　③「学校は生徒の活動について考えるべきだ」
　④「新方針を歓迎しない生徒もいる」

　ケンの投稿 第**2**パラグラフ ❺より，④が正解。①，②，③は「事実」ではなく「意見」であるため，誤り。

問3 【書き手の意図を把握する】　　13　　**正解**：②　　（易）（思）

　　　方針の目的がエネルギーの節約にあると考えているのは誰か。　　13
　①「バージャー校長」
　②「ケン」
　③「市」
　④「警察」

　ケンの投稿 第**2**パラグラフ ❷，❸より，ケンは新方針の目的がエネルギーの節約にあると考えていることが推測できるため，②が正解。

問4 【新方針の根拠となる「事実」を読み取る】

[14] **正解**：② 易 思

バージャー校長は自らの新方針の根拠を [14] という**事実**に置いている。
① 「早く帰宅することは重要である」
② 「市の治安が悪化した」
③ 「学校は電気を節約しなければならない」
④ 「生徒は保護を必要としている」

バージャー校長の投稿 第❷パラグラフ ❷, ❸ より，②が正解。①, ③,
④は「事実」ではなく「意見」であるため，誤り。

問5 【新方針に反対する根拠を考える】 [15] **正解**：① 標準 思

ケンが新方針に反対するのを手伝うとすれば，あなたは何を調べるだろうか。
[15]
① 「犯罪率と，その地元地域との関係」
② 「学校のエネルギー予算と電気料金」
③ 「学校での活動時間の長さと予算」
④ 「放課後の活動をする生徒の学習時間」

バージャー校長の投稿 第❷パラグラフ ❷, ❸ より，バージャー校長が
新方針の根拠として挙げているのは治安の悪化であるとわかる。よって，
治安の悪化に関連した事柄を調査すれば，ケンが新方針に反対するのに役
立つ可能性がある。①が正解。②, ③, ④は新方針の根拠とは無関係である
ため，誤り。

分析編

解答・解説編

共通テスト・第1日程

予想問題・第1回

予想問題・第2回

予想問題・第3回

導入　あなたは現在，交換留学生として学んでいるイギリスの学校で，学校の方針変更について耳にした。オンライン掲示板で，あなたはその方針についての議論を読んでいる。

ケンの投稿　　　　　　　　　　　　　　　　　　　　　− ☐ ✕

学校の新方針　＜2020年9月21日投稿＞
To: P. E. バージャー
From: K. ロバーツ

バージャー先生
第❶パラグラフ　❶すべての生徒を代表して，セント・マークス校へようこそ。❷私たちは，あなたが実業界での経歴を持つ初の校長だと聞いており，その経験が私たちの学校にとって役立つことを望んでいます。
第❷パラグラフ　❶私は，あなたが提案している放課後の活動スケジュールの変更について懸念を表明したいと思います。❷エネルギーの節約が重要であり，これからの時期，暗くなるのがもっと早くなることをわかっています。❸このことが理由で，スケジュールを1時間半短くしたのでしょうか？❹セント・マークス校の生徒は，勉学も放課後の活動もともに，非常に真剣にとらえています。❺多くの生徒が，これまで通り午後6時まで学校にいたいと私に伝えています。❻それゆえ，この突然の方針変更について，考え直すようお願いしたいと思っています。

よろしくお願いいたします。
ケン・ロバーツ
生徒代表

バージャー校長の投稿

Re: 学校の新方針　＜2020年9月22日投稿＞
To: K. ロバーツ
From: P. E. バージャー

ケン様

第❶パラグラフ　❶あなたの親切な投稿に対して深く感謝しています。❷いくつかの重要な懸念，特にエネルギーコストについての懸念と，学校の活動についての生徒の意見に関する懸念を伝えてくれました。

第❷パラグラフ　❶新方針は，エネルギーの節約とは一切関係がありません。❷決定は2019年の警察による報告書に基づいてなされました。❸その報告書によると，私たちの市は重大犯罪が5％増加したことで治安が悪化したということでした。❹わが校の生徒を守りたいため，暗くなる前に生徒には帰宅してほしいと考えているのです。

敬具
P. E. バージャー
校長

第3問　平易な英語で書かれた文章の読み取りを通じて，内容を把握する力を問う問題

A　ウェブサイトのQ&Aと図から総合的に判断する問題

イントロダクション

　「ホテルがおすすめかどうか，空港からのアクセスがよいか」について，ウェブサイト上のQ＆Aおよび乗り換え案内図が示され，それについての理解を問う問題。

語句・文法

導入

▶ Q&A section「Q&Aコーナー」

質問

❶▶ consider *doing*「…することを考える」
❷▶ recommend O「Oをすすめる」

回答

❸▶ inexpensive「安い」
❸▶ brilliant「賢明な，最高の」
❻▶ the underground「地下鉄」＊イギリス英語。アメリカ英語ではsubway。
❻▶ convenient「便利な」
❾▶ transfer to A「Aに乗り換える」
❾▶ direction「案内，行き方」
⓫▶ express bus「急行バス」
⓬▶ roadworks「道路工事」＊イギリス英語。
⓭▶ three times as long as usual「いつもの3倍長く」
⓮▶ It は to walk を真主語とする形式主語。

設問解説

問1　【ホテルについての情報を読み取る】　16　　正解：③

```
　　アレックスの回答から，あなたはアレックスが　16　ということがわかる。
　①「ホテルの場所の利便性について評価している」
　②「初めてカッスルトンを訪れた際にビクトリア駅で迷子になった」
　③「ホテルは料金の割には価値があると考えている」
　④「2回とも空港から同じルートを利用した」
```

回答 ❸，❹より，③が正解。❸の It's inexpensive, and the service is brilliant!「安くて，サービスも最高なんです！」，❹の a wonderful free breakfast「素晴らしい無料の朝食」が，選択肢では good value for money「料金の割には価値がある（お買い得）」と言い換えられている。④は❻〜⓫より、1回目と2回目は別ルートを利用したことがわかるため，誤り。①，②は本文に記述がないため，誤り。

問2 【ウェブサイトのＱ＆Ａと乗り換え案内図の情報を合わせて判断する】

　17　 **正解**：② やや難 思

> 　あなたは2021年3月15日午後2時に公共交通機関で空港を出発する。ホテルに行くのに最も速い方法はどれか。　17
> ①「急行バスと市バス」
> ②「急行バスと徒歩」
> ③「地下鉄と市バス」
> ④「地下鉄と徒歩」

　まずはバクストン空港からビクトリア駅まで，より速く行く方法を計算する。地下鉄で行く場合は，乗り換え案内図より，レッド・ラインで25分，オレンジ・ラインで10分，**回答 ❾**より，モスフィールド駅でのレッド・ラインからオレンジ・ラインへの乗り換えに7分，合計42分かかる。一方で，急行バスで行く場合は，乗り換え案内図より，40分で行ける。よって，バクストン空港からビクトリア駅までは，地下鉄より急行バスの方が速い。

　次に，ビクトリア駅からホリツリーホテルまで，より速く行く方法を考える。乗り換え案内図より，市バスで10分，徒歩なら20分かかるため，通常は市バスの方が速い。しかし，**回答 ⓬**，⓭より，2021年の夏までは道路工事の影響で，市バスを使う場合は通常の3倍（30分）の時間がかかってしまうことがわかる。よって，2021年3月15日にビクトリア駅からホリツリーホテルまで行く手段としては，市バスより徒歩の方が速い。

　以上から，急行バスと徒歩で行くのが最も速いため，②が正解。

分析編

解答・解説編

共通テスト・第1日程

予想問題・第1回

予想問題・第2回

予想問題・第3回

導入　あなたはイギリスのホテルに泊まることを計画している。あなたは旅行に関するアドバイスをするウェブサイトのＱ＆Ａコーナーで，役に立つ情報を見つけた。

---

❶2021年3月に，カッスルトンにあるホリツリーホテルに宿泊しようかと考えています。❷このホテルはおすすめですか？また，バクストン空港からは行きやすいですか？　　　　　　　　　　　　　　　　　　　　　　　　　　　　（リズ）

回答

❶はい，ホリツリーを強くおすすめします。❷私はそこに2回泊まったことがあります。❸安くて，サービスも最高なんです！❹素晴らしい無料の朝食もついてきます。（行き方の情報についてはここをクリックしてください。）

❺そこに行くまでの私自身の経験をお話しさせてください。

❻初めて訪れたとき，安くて便利な地下鉄を利用しました。❼電車は5分ごとに運行しています。❽空港からはモスフィールドまでレッド・ラインに乗りました。❾ビクトリア行きのオレンジ・ラインへは通常約7分で乗り換えできるはずですが，案内がわかりづらく，5分余計にかかりました。❿ビクトリアからホテルまではバスで10分でした。

⓫2回目はビクトリアまで急行バスに乗ったので，乗り換えについては心配する必要がありませんでした。⓬2021年の夏まで道路工事が行われると書かれた掲示をビクトリアで見つけました。⓭現在，市バスは10分ごとに運行していますが，ホテルに行くには通常の3倍時間がかかります。⓮徒歩で行くことも可能ですが，天候が悪かったので私はバスに乗りました。

⓯滞在を楽しんでください！　　　　　　　　　　　　　　　（アレックス）

ホリツリーホテルへの行き方

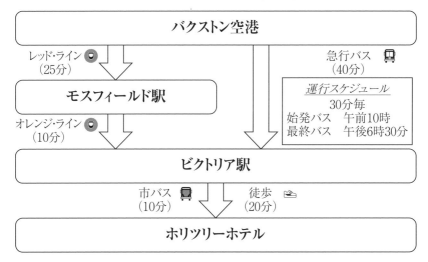

バクストン空港

レッド・ライン （25分）

モスフィールド駅

急行バス （40分）

運行スケジュール
30分毎
始発バス　午前10時
最終バス　午後6時30分

オレンジ・ライン （10分）

ビクトリア駅

市バス （10分）　　徒歩 （20分）

ホリツリーホテル

分析編

解答・解説編

共通テスト・第1日程

予想問題・第1回

予想問題・第2回

予想問題・第3回

B 学校のニュースレターから状況と書き手の意図を把握する問題　やや易

▶イントロダクション

「資金を集めるボランティアの募集」についての学校のニュースレター（学校新聞）が示され，それについての理解を問う問題。

▶語句・文法

第1パラグラフ
❸▶ share O with A「O を A と共有する」

第2パラグラフ
❶▶ centre「センター」＊イギリス英語。アメリカ英語では center とつづる。
❷▶ opportunity（for A）to *do*「（A が）…する機会」
❷▶ resident「住民」
❸▶ hold O「O を開催する」
❺▶ repair「修理，修繕」
❻▶ raise funds「資金を集める」

第3パラグラフ
❷▶ take part in A「A に参加する」
❷▶ campaign「運動」
❹▶ donate O「O を寄付する」

⑤▶ financial assistance「金銭的援助」

⑤▶ request「要求」

⑤▶ reject O「O を断る，却下する」

⑥▶ have no choice but to *do*「…するより仕方がない，…せざるを得ない」

第4パラグラフ

①▶ attend O「O に出席する」

③▶ passer-by「通行人」

⑤▶ tearful「泣いている，泣き出しそうな」

⑦▶ that は同格節を導き，that 以下で the idea の内容を説明している。

⑦▶ be willing to *do*「快く…する，…するのをいとわない」

⑧▶ be delighted to *do*「…して喜んでいる，うれしい」

第5パラグラフ

③▶ make the most of A「A をできるだけ利用する」

④▶ make a difference「違いを生じる，重要である」

▶**設問解説**

問1 【出来事を時系列に沿って整理する】

| 18 |〜| 21 |　**正解**：④→②→①→③　標準　思

::
以下の出来事（①〜④）を起こった順番に並べなさい。| 18 |→| 19 |
→| 20 |→| 21 |
① 「セーラはセンターのイベントに出席した。」
② 「セーラはセンターにお金を寄付した。」
③ 「セーラはケーティに提案した。」
④ 「募金運動をしている人たちは町長に助けを求めた。」
::

　まず，**第3パラグラフ**①，④より，セーラは数か月前にお金を寄付していること（選択肢②），同⑤より，募金運動をしている人々が町長に助けを求めていること（選択肢④）がわかる。また，同⑤では過去完了 had asked が使われていることから，町長に助けを求めたのはセーラがお金を寄付したときよりも前のことであるとわかる。次に，**第4パラグラフ**①より，セーラは先月，センターのイベントに出席したこと（選択肢①）がわかる。また，同⑦，⑧より，その後，セーラがケーティに他の生徒による募金運動の手伝いの提案をしたこと（選択肢③）がわかる。これを時系列に整理した，④→②→①→③が正解。

問2 【サクラ国際センターの情報を読み取る】 ［ 22 ］ 　正解：②　 易

> 　　セーラのメッセージから，あなたはサクラ国際センターが ［ 22 ］ というこ
> とがわかる。
> ①「海外から来た住民に金銭的援助を提供している」
> ②「友情を育む機会を提供している」
> ③「地域住民のためのニュースレターを発行している」
> ④「交換留学生をイギリスに送っている」

　　第❷パラグラフ ❷ より，②が正解。本文の to get to know each other
「互いに知り合う」が，選択肢では to develop friendships「友情を育む」
と言い換えられている。

問3 【今後とるべき具体的な行動を考える】 ［ 23 ］ 　正解：②　 やや易 　思

> 　　セーラのメッセージを読んだ後，あなたは運動を手伝うことに決めた。最初
> に何をすべきか。 ［ 23 ］
> ①「センターでのイベントを宣伝する。」
> ②「さらなる情報を求めてセーラに連絡を取る。」
> ③「学校でボランティア活動を主催する。」
> ④「新しい募金運動を始める。」

　　第❺パラグラフ ❷Please email me today!「今すぐ私に e メールを送っ
てください！」より，ニュースレターを読んで運動を手伝いたいと思った
人がまずやるべきことは，e メールを送ることだとわかる。②が正解。本
文の email「e メールを送る」が，選択肢では Contact「連絡する」と言
い換えられている。

分析編

解答・解説編

共通テスト・第1日程

予想問題・第1回

予想問題・第2回

予想問題・第3回

導入　あなたのクラスメートが，イギリスからの交換留学生によって学校のニュースレターに書かれた以下のメッセージをあなたに見せた。

ボランティア募集！

第❶パラグラフ　❶皆さん，こんにちは。❷ロンドンから来た交換留学生のセーラ・キングです。❸今日は皆さんと大事なことを共有したいと思います。

第❷パラグラフ　❶皆さんはサクラ国際センターについて聞いたことがあるかもしれません。❷それは，日本人と外国人の住民が互いに知り合う，価値ある機会を提供しています。❸料理教室やカラオケ大会といった人気のあるイベントが，毎月開催されています。❹しかし，深刻な問題があります。❺建物が古くなってきており，高い修繕費用が必要なのです。❻センターを維持する資金を集める手伝いをするため，多くのボランティアが必要です。

第❸パラグラフ　❶私は数か月前にその問題について知りました。❷町なかで買い物をしているとき，何人かの人が募金運動に参加しているのを見ました。❸私がその運動のリーダーであるケーティに話しかけると，彼女は状況を説明してくれました。❹私がいくらかのお金を寄付したとき，彼女は感謝してくれました。❺町長に資金援助を求めたけれども，その要求が却下されたことを彼女は私に伝えてくれました。❻彼女たちは募金を呼びかけ始めるより仕方がなかったのです。

第❹パラグラフ　❶先月，私はセンターで美術の講義に出席しました。❷再度，人々がお金を集めようとしているのを目にし，私は手伝うことに決めました。❸通行人への寄付の呼びかけに私が参加したとき，その人たちは喜んでいました。❹一生懸命頑張りましたが，たくさんのお金を集めるには，人数が少なすぎたのです。❺泣き出しそうな顔で，もう建物をそれほど長くは使えないとケーティは私に伝えました。❻私はさらに行動する必要性を感じました。❼すると，他の生徒たちが快く手伝ってくれるかもしれないという考えが頭に思い浮かびました。❽ケーティはこれを聞いて喜んでいました。

第❺パラグラフ　❶そこで，サクラ国際センターを助ける募金運動に私と一緒に参加してもらいたいのです。❷今すぐ私にｅメールを送ってください！❸交換留学生として，私の日本での時間は限られていますが，その時間を最大限利用したいのです。❹ともに取り組むことで，私たちは本当に違う結果を生み出すことができます。

クラス　3A
セーラ・キング（sarahk@sakura-h.ed.jp）

セーラ・キング

分析編

解答・解説編

共通テスト・第1日程

予想問題・第1回

予想問題・第2回

予想問題・第3回

メールのやり取り，表，グラフから総合的に考える問題 　標準

イントロダクション

「姉妹校の生徒をもてなすスケジュール」について，メールのやり取り，時刻表，混雑度を表すグラフが示され，それらについての理解を問う問題。

語句・文法

導入

▶ host O「O をもてなす」
▶ so that S can *do*「…できるように」
▶ draft O「O の草案を作る」

ナツキのメール

❷▶ be supposed to *do*「…することになっている」
❷▶ assembly hall「講堂」
❸▶ attached「添付の」
❸▶ timetable「時刻表」
❽▶ exhibition「展示」
❽▶ aquarium「水族館」
❾▶ food supplement「栄養補助食品」
❾▶ made from sea plankton は a new food supplement を修飾する過去分詞句。
⓭▶ botanical garden「植物園」
⓰▶ souvenir「土産」
⓱▶ carry around O / carry O around「O を持ち運ぶ」
⓲▶ symbol「象徴，シンボル」
⓲▶ statue「像」
⓲▶ work out O / work O out「O（計画・対策など）を練る，作成する」

エマのメール

❹▶ place emphasis on A「A に重点を置く」
❺▶ it は to have 以下を真主語とする形式主語。
❽▶ allow O「O を可能にする」
❾▶ provide O「O を供給する」
❿▶ you mentioned は the statue を修飾する形容詞節。
⓭▶ draft「草案」

問1 【メールと時刻表から必要な情報を読み取る】

24 正解：① 25 正解：⑤ 易 思

> 姉妹校からのゲストは 24 番の電車で到着し，25 番の電車に乗って
> ホテルに戻るだろう。
> ①「109」 ②「110」 ③「111」
> ④「238」 ⑤「239」 ⑥「240」

24 ：**ナツキのメール❹とエマのメール❸**より，ゲストは午前9時20分にアズマ駅に到着することがわかる。 時刻表 上段より，午前9時20分にアズマ駅に到着するのは109番の電車であるとわかるため，①が正解。

25 ：**ナツキのメール⑰とエマのメール❼，❽**より，ゲストはヒバリ駅近くにあるモールで午後5時から約1時間買い物をすること，それでも（ヒバリ駅を午後6時に出発しても）カエデ駅から徒歩数分の所にあるホテルでの午後6時30分の夕食に間に合うことがわかる。 時刻表 下段より，上記の条件を満たすのはヒバリ駅を午後6時に出発してカエデ駅に午後6時22分に到着する239番の電車であるとわかるため，⑤が正解。

問2 【出来事を時系列に沿って整理する】 26 正解：② やや易 思

> スケジュールの草案を完成させるのに最も適切なものはどれか。 26
> A：水族館 B：植物園 C：モール D：学校
>
>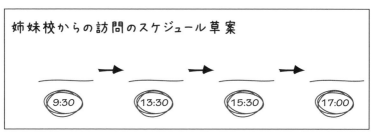
>
> ①「D → A → B → C」
> ②「D → B → A → C」
> ③「D → B → C → A」
> ④「D → C → A → B」

訪問に最適な時間帯を，場所ごとに検討する。

A：水族館 **ナツキのメール❽，⓫**より，最適な訪問時間は最も混雑して

いないときであること， グラフ：ウエストサイド水族館への来客数 より，15時〜16時が最も来客数が少ないことがわかる。

B：植物園 ナツキのメール⑬，⑭より，最適な訪問時間は午後の早い時間であることがわかる。

C：モール エマのメール❼，❽より，最適な訪問時間は午後5時頃であることがわかる。

D：学校 本問の選択肢がすべてDから始まっていることから，学校を出発地としてスケジュール草案を完成させるべきであることがわかる。

　これを時系列に整理するとD→B→A→Cとなるため，②が正解。

問3 【複数のメールにまたがる情報を組み合わせて判断する】

　27　正解：②

> 　雨が降らない限り，ゲストは　27　で昼食を食べるだろう。
> ① 「植物園」
> ② 「学校の隣の公園」
> ③ 「駅の隣の公園」
> ④ 「学校の庭」

　エマのメール❿，⓫より，雨が降らない限り昼食はナツキが言った像の下で食べること，ナツキのメール⑱より，像は学校の隣のアズマ記念公園にあることがわかる。②が正解。

問4 【本文の記述から直接的には述べられていない内容を推測する】

　28　正解：② 易 思

> 　ゲストはその日，　28　は移動し**ない**だろう。
> ① 「バスで」
> ② 「タクシーで」
> ③ 「電車で」
> ④ 「徒歩で」

　ナツキのメール❹での「タクシーに乗りますか」という質問に対し，エマのメール❸では「スクールバスに乗ります」と答えている。直接言っているわけではないものの，タクシーには乗らないと推測できるため，②が正解。なお，①はエマのメール❸で，③は同❸などで，④は同❽で言及されているため，誤り。

分析編

解答・解説編

共通テスト・第1日程

予想問題・第1回

予想問題・第2回

予想問題・第3回

問5 【プログラムの目的をつかみ，目的にふさわしい第3の選択肢を考える】

29 　正解：④　やや易　思

> 第3の選択肢として，あなたたちのプログラムに最もふさわしいのはどれか。
> 29
> ①「ヒバリ遊園地」
> ②「ヒバリ美術館」
> ③「ヒバリ城」
> ④「ヒバリ宇宙センター」

　　エマのメール❹より，プログラムの目的が生徒の科学的知識の向上にあることから，その目的に沿ったものを選ぶ。宇宙センターでは宇宙についての科学的知識を学ぶ機会があると考えられるため，④が正解。

▶日本語訳

導入　あなたの英語の教師エマが，あなたとあなたのクラスメートのナツキに，姉妹校から来る生徒をもてなすための1日のスケジュールについて計画を立てるのを手伝うようお願いした。あなたは，スケジュールの草案を作ることができるように，ナツキとエマの間で交わされたeメールを読んでいる。

ナツキのメール

こんにちはエマ，

❶来月12人のゲストと出かける日のスケジュールについて，私たちにはいくつかの案と質問があります。❷あなたが私達に伝えてくれた通り，両校の生徒は午前10時からわが校の講堂で発表をすることになっています。❸そこで，私は添付した時刻表を見ています。❹彼らは午前9時39分にアズマ駅に到着して，その後，学校までタクシーに乗りますか？

❺私たちはまた午後の活動についても話し合ってきました。❻科学に関連したものを見るのはどうでしょうか？❼2つの案がありますが，もう1つ別の案が必要なら教えてください。

❽ウエストサイド水族館で来月行われる特別展示について聞いたことはありますか？❾それは，海のプランクトンから作られた新しい栄養補助食品に関するものです。❿私たちはそこが良い選択になるだろうと考えています。⓫そこは人気があるため，訪れるのに最適な時間は最も混雑していないときです。⓬水族館のホームページで見つけたグラフを添付しておきます。

⓭イーストサイド植物園は，地元の大学と共同で植物から電気を生み出す興味深い方法を開発してきました。⓮幸運なことに，担当の教授がその日の午後の早い時間帯に，そのことについて短いお話をしてくれます！⓯行きませんか？

⓰みんな，お土産を買いたいですよね？⓱ヒバリ駅の隣にあるウエストモールが最も良いと思いますが，一日中お土産を持って回りたくはありません。

⓲最後に，アズマを訪れる人は皆，町のシンボルである，私たちの学校の隣のアズマ記念公園にある像を見るべきですが，良いスケジュールを作れません。⓳また，昼食の予定はどのようなものか教えてもらえますか？

よろしくお願いいたします。
ナツキ

こんにちはナツキ，

❶メールをありがとう！❷一生懸命やってくれていますね。❸あなたの質問に答えると，彼らは午前9時20分に駅に到着し，それからスクールバスに乗ります。

❹午後の主な2つの行き先，つまり水族館と植物園は，良い考えです。なぜなら，両校は科学教育に重点を置いており，このプログラムの目的は生徒の科学的知識を向上させることだからです。❺しかし，念のため3つ目の提案があると賢明でしょう。

❻1日の終わりにお土産を買いましょう。❼私たちはモールまでバスに乗り，午後5時に到着することができます。❽そうすれば約1時間買い物ができ，私たちのゲストはそれでも午後6時30分には夕食を食べにホテルに戻ることができます。というのも，ホテルはカエデ駅から歩いてわずか数分のところにあるからです。

❾昼食については，学校の食堂がお弁当を出してくれます。❿私たちはあなたの言った像の下で食べることができます。⓫雨が降ったら，屋内で食べましょう。

⓬提案をしてくれて，本当にありがとう。⓭あなたたち2人でスケジュールの草案を作ってくれますか？

よろしくお願いいたします。
エマ

分析編

解答・解説編

共通テスト・第1日程

予想問題・第1回

予想問題・第2回

予想問題・第3回

添付の時刻表：

電車時刻表
カエデ―ヒバリ―アズマ

駅	電車番号			
	108	109	110	111
カエデ	8:28	8:43	9:02	9:16
ヒバリ	8:50	9:05	9:24	9:38
アズマ	9:05	9:20	9:39	9:53

駅	電車番号			
	238	239	240	241
アズマ	17:25	17:45	18:00	18:15
ヒバリ	17:40	18:00	18:15	18:30
カエデ	18:02	18:22	18:37	18:52

添付のグラフ：

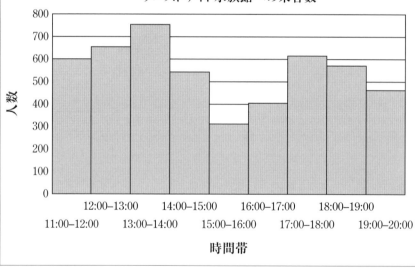

第5問　ある人と動物に関する物語の読み取りを通じて，物語の概要を把握する力を問う問題

分析編

解答・解説編

共通テスト・第1日程

予想問題・第1回

予想問題・第2回

予想問題・第3回

ニュース記事を読み取り，出来事を時系列に整理する問題　　標準

イントロダクション

「牛に芸を教えた女性」についての記事を読み，その理解を問う問題。

語句・文法

導入
▶ take part in A「Aに参加する」
▶ oral presentation「口頭発表」

第❶パラグラフ
❷▶ die of A「Aで死ぬ」
❸▶ own O「Oを所有する」
❹▶ spend O *doing*「…するのにOを費やす，…してOを過ごす」
❺▶ ask O if ...「…かどうかをOに尋ねる」
❺▶ help *do*「…するのを手伝う」
❻▶ look after O「Oの世話をする」

第❷パラグラフ
❶▶ agree「賛成する，応じる」
❸▶ pregnant「妊娠している」
❺▶ bull「雄牛」
❻▶ sell O to A「OをAに売る」
❻▶ which he called Three-oh-nine (309) は the baby bull について補足説明する関係代名詞節。
❼▶ let that happen は let O *do*「Oに（自由に）…させる」を用いた表現で，that は❻で述べられている「農場主がオスの子牛を食肉市場に売ること」を指す。
❾▶ take O for walks「Oを散歩に連れていく」
❿▶ permission「許可」

第❸パラグラフ
❶▶ pony「ポニー」＊体高が148cm以下の小型種の馬。
❷▶ not sure if ...「…かどうかわからない」
❷▶ no longer「もはや…ない」
❷▶ name O C「OをCと名づける」
❸▶ show jumping「障害ジャンプ競技，障害飛越競技」＊馬術競技の一種。
❹▶ who she had renamed Aston は Three-oh-nine を補足説明する関係代名詞節。
❹▶ rename O C「OをCと新しく名づける」
❺▶ expect O to *do*「Oが…すると予想する」

⑤▶ pay attention to A「Aに注意を払う，注目する」

⑤▶ routine「日課，決まりきった作業」

⑤▶ nor had she expected Aston to ... tricks は nor+ had S *done* ...「またSは…もしなかった」を用いた表現で，nor の後ろは倒置形。

⑤▶ pick up O / pick O up「Oを習得する」

⑤▶ trick「芸，芸当」

⑥▶ galloping「ギャロップ（馬などが4本の足が宙に浮いた状態で駆けること），疾駆」

⑥▶ backwards「後方へ」

⑥▶ turn around「転回する」

⑥▶ on command「命令に応じて」

⑧▶ despite A「Aにもかかわらず」

⑧▶ weigh C「体重がCである」

⑧▶ it takes O₁〈人〉O₂〈時間〉to *do*「O₁〈人〉が…するのにO₂〈時間〉かかる」

⑧▶ leap「跳ぶ」

⑧▶ with Sabine on his back は with O C「OがCの状態で」（付帯状況）を用いた表現で，Sabine が O，on his back が C にあたる。

⑩▶ adjust O「Oを調整する，調節する」

⑪▶ correct O「Oを訂正する，正す」

⑫▶ Olympic-standard「オリンピック水準の」

第④パラグラフ

❶▶ show off O / show O off「Oを見せる，見せびらかす」

❸▶ scared「怖がっている」

❹▶ get close to A「Aに近づく」

❹▶ horn「角（つの）」

❺▶ see O *doing*「Oが…しているのを見る」

第⑤パラグラフ

❸▶ on a lead「リード（紐）につないで」＊イギリス英語。アメリカ英語では leash。

❸▶ so that S will *do*「Sが…するように」

❹▶ that's why ...「そういうわけで…」

❺▶ chance to *do*「…する機会」

第⑥パラグラフ

❶▶ massive「巨大な」

❶▶ attraction「魅力，呼び物」

❶▶ follower「ファン，フォロワー」

❷▶ which means ... stay overnight は主節の内容を補足説明する関係代名詞節。

❸▶ horse box「馬運車」＊イギリス英語。アメリカ英語では horse trailer。

❸▶ which isn't really big enough for him は a horse box を補足説明する関係代名詞節。

第7パラグラフ

❸▶ careful not to *do*「…しないように慎重である」

❸▶ crush O「Oを踏み潰す」

❺▶ other than thatはother than A「A以外には」を用いた表現で，thatは同文の「アストンが時々寂しがり，レオンからあまりに長い期間離れるのを嫌がること」を指す。

スライド

▶ who's who「登場者のリスト」＊重要人物，有名人などのリスト。

▶ pre-fame「有名になる前の」

設問解説

問1 【記事の概要をつかみ，発表にふさわしいタイトルを考える】

　30　　**正解**：③　標準　思

> あなたの発表に最もふさわしいタイトルはどれか。　30
> ①「動物愛好家がポニーの命を救う」
> ②「アストンの夏のジャンプ競技ツアー」
> ③「馬のような振る舞いをする雄牛，アストンを紹介します」
> ④「農場主と牛の関係」

　発表のタイトルは，発表の内容が一目でわかるものでなければならない。文章全体で，牛であるにもかかわらず馬のような芸をするようになり，人気になっていくアストンを紹介していることから，③が正解。①は本文の内容とは無関係であるため，誤り。②，④は本文の一部で述べられているにすぎず，文章の主な内容を表しているとは言えないため，誤り。

問2 【登場者を整理する】　31　**正解**：④　易　思

> 「登場者のリスト」のスライドにおける最も適切な組合せはどれか。　31
> 　　主役　　　　　　　　　　　　　　　　脇役
> ①「309，アストン，農場主　　　　　　　サビーヌ，ポニー」
> ②「アストン，アストンの母親，サビーヌ　309，農場主」
> ③「アストン，レオン，農場主　　　　　　アストンの母親，サビーヌ」
> ④「アストン，サビーヌ，ポニー　　　　　アストンの母親，農場主」

　登場する人や動物が多いため，関係性を整理しながら文章全体の流れを追う。**第3パラグラフ**以降はアストン，サビーヌ，レオン（ポニー）が中心となって話が進んでいるため，④が正解。

問3 【出来事を時系列に沿って整理する】

32 ～ 35 正解：④→③→⑤→① 標準 思

> 「**有名になる前のあらすじ**」のスライドを完成させるために，4つの出来事を起こった順番に選びなさい。 32 ～ 35
> ① 「アストンが跳べるようになる。」
> ② 「サビーヌとアストンが一緒に何百キロも旅をする。」
> ③ 「サビーヌが309とその母親を買う。」
> ④ 「サビーヌが近所の農場に働きに行く。」
> ⑤ 「サビーヌが309を散歩に連れて行く。」

　　あなたの発表スライド 「**有名になる前のあらすじ**」より，サビーヌの馬が死んでからアストンとサビーヌが競技会に行き始めるまでの間のあらすじを読み取る必要があるとわかる。①は **第❸パラグラフ** ❽で，③は **第❷パラグラフ** ❼，❽で，④は **第❶パラグラフ** ❺，**第❷パラグラフ** ❶で，⑤は **第❷パラグラフ** ❾で，それぞれ述べられている。これらを出来事が起こった順番に並べた④→③→⑤→①が正解。なお，②は **第❻パラグラフ** ❷で述べられているが，これはアストンとサビーヌが競技会に行き始めた後の話である。

問4 【アストンの能力の概要を把握する】

36 ・ 37 正解：①・③ 標準

> 「**アストンの能力**」のスライドに入れるのに最も適切な項目を2つ選びなさい。（順番は問わない。） 36 ・ 37
> ① 「自分で間違いを訂正する」
> ② 「ポニーと並んで跳ぶ」
> ③ 「人を背中に乗せて跳ぶ」
> ④ 「馬よりも早く芸を習得する」
> ⑤ 「写真のためにポーズをとる」

　　まず，**第❸パラグラフ** ⓫より，①が正解。本文のfaults「誤り」とwithout any help from Sabine「サビーヌの助けがなくても」が，選択肢ではmistakes「間違い」とby himself「自分で」と言い換えられている。また，同❽より③が正解。本文のSabine「サビーヌ」が，選択肢ではa rider「乗る人」と言い換えられている。②，④，⑤は本文に記述がないため，誤り。

42

38 　**正解**：① やや易

> 「**アストンは今**」のスライドを最も適切な項目を用いて完成させなさい。
> 　 38
> ①「ファンの数が増えている」
> ②「サビーヌをとてもお金持ちにした」
> ③「とても有名なので，もはや人を怖がらせない」
> ④「1年のうちほとんどの夜を馬運車で過ごす」

　　第6パラグラフ❶より，①が正解。④は**第6パラグラフ❷**sometimes「時々」に反し，誤り。②，③は本文に記述がないため，誤り。

日本語訳

導入　　国際ニュースのレポートを使い，あなたは英語口頭発表コンテストに参加しようとしている。話の準備をするため，以下のフランスのニュース記事を読みなさい。

> **第1パラグラフ**　　❶5年前，サビーヌ・ルアス氏は飼っていた馬を亡くした。❷彼女はその馬が年老いて死ぬまで，ともに20年を過ごした。❸そのとき彼女は，もう二度と別の馬を飼うことはできないと思った。❹寂しさのあまり，彼女は近くの酪農場で何時間も牛を眺めていた。❺そして，ある日彼女は農場主に，牛の世話をするのを自分に手伝わせてもらえないかと尋ねた。
> **第2パラグラフ**　　❶農場主はそれに応じ，サビーヌは働き始めた。❷彼女はすぐに1頭の牛と仲良くなった。❸その牛は妊娠していたので，他の牛よりも多くの時間をその牛と過ごした。❹牛の子が生まれた後，その子牛はあちこちとサビーヌについて回るようになった。❺残念なことに，農場主は酪農場で，雄牛（オスの牛）を飼うことに関心を持たなかった。❻農場主はスリー・オー・ナイン（309）と呼ぶそのオスの子牛を食肉市場に売ることを計画した。❼サビーヌはそうならないようにしようと決意したため，農場主に子牛とその母親を譲ってくれないかと尋ねた。❽農場主はそれに応じ，彼女は2頭の牛を買った。❾それからサビーヌは，309を街へ散歩に連れていくようになった。❿約9か月後，ついに牛たちを移動させる許可を得て，2頭の牛はサビーヌの農場へ引っ越した。
> **第3パラグラフ**　　❶その後まもなく，サビーヌはポニーを譲り受ける話を持ち掛けられた。❷当初，彼女は自分がそのポニーを飼いたいのかどうかわからなかった。しかし，彼女の飼っていた馬についての記憶がもはや彼女を苦しませるものではなくなっていたため，そのポニーを引き取り，レオンと名づけた。❸それから彼女はかつての趣味を再開することに決め，ジャンプ競技のために彼の訓練を始めた。❹彼女がアストンと名前をつけ直したスリー・オー・ナインは，ほとんどの時間をレオンと過ごし，2頭は本当に親しい仲になった。❺しかし，レ

オンとの日課となっている訓練をアストンが注視しているとは，彼女には想像も
つかなかった。また，アストンが芸をいくつか習得するとも彼女は思っていなか
った。❻若い雄牛は，命令に応じた歩行，ギャロップ，停止，バック，転回がす
ぐにできるようになった。❼彼はちょうど馬のようにサビーヌの声に反応した。
❽そして体重が 1,300 キロあるにもかかわらず，たった 18 か月でサビーヌを背中
に乗せて 1m のホースジャンプ（馬のジャンプ競技用障害物）を跳び越える方法
を身につけた。❾レオンを観察していなかったら，アストンがそうしたことを身
につけることは決してなかったかもしれない。❿さらに，アストンは距離を理解
して，跳ぶ前に歩幅を調整できた。⓫また，彼はサビーヌの助けがなくても誤り
に気づき，それを修正した。⓬それは，ずば抜けて優れたオリンピック水準の馬
だけにしかできないことである。

　第4パラグラフ　❶現在，サビーヌとアストンはヨーロッパ中を回って週末
の移動興行と馬術競技会に出かけ，その技術を見せている。❷サビーヌは言う。
「私たちは手応えを感じています。❸たいていの場合，人々は本当に驚き，最初は
少し怖がることもあります。なぜなら彼は大きいからです。馬よりもはるかに大
きいのです。❹ほとんどの人は角を持つ雄牛にあまりに近づくのは嫌がります。
❺しかし，いったん彼の本当の性格を知り，彼が演技しているのを見たら，『ああ，
彼は本当にとても素晴らしい』と言うことが多いのです」

　第5パラグラフ　❶「見てください！」❷サビーヌはスマートフォンでアス
トンの写真を見せる。❸そして彼女は続ける。「アストンがとても幼い頃，人間に
慣れるように，犬のようにリードにつないで散歩に連れて行ったものです。❹ひ
ょっとしたら，そういうわけで彼は人のことを嫌がらないのかもしれません。❺
彼はとてもおとなしいので，特に子どもは，彼を見たり，彼に近づく機会を得る
のが本当に好きです」

　第6パラグラフ　❶ここ数年，ジャンプ競技のできる巨大な雄牛のニュース
が急速に広まっている。今では，アストンはオンラインでファンの数が増えてい
る主要な呼び物である。❷アストンとサビーヌは時々，家から 200〜300 キロ離れ
たところに行く必要があり，それは一晩泊まらなければならないことを意味する。
❸アストンは彼にとってそれほど十分な広さのない馬運車の中で寝なければなら
ない。

　第7パラグラフ　❶「彼はそれを気に入っていません。❷私は馬運車の中で
彼と一緒に寝なければならないのです」とサビーヌは言う。❸「でもね，彼が起
きて体勢を変えるときは，私を踏み潰してしまわないよう，とても慎重です。❹
彼は本当にとても優しいんです。❺彼は時々寂しがり，レオンからあまりに長い
期間離れるのを嫌がります。でもそれ以外では，彼はとても幸せです」

あなたの発表スライド

| 30 |

セントラル高校
英語発表コンテスト

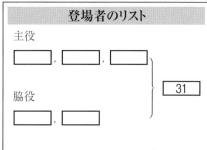

登場者のリスト

主役

| | , | | , | | ⌉

脇役　　　　　　　　　　　　　| 31 |

| | , | |

有名になる前のあらすじ

サビーヌの馬が死ぬ。

| 32 |

| 33 |

| 34 |

| 35 |

アストンとサビーヌが競技会に行き始める。

アストンの能力

アストンにできること：

・レオンの訓練を見るだけで学習する。

・サビーヌの命令に応じて,歩行し,ギャロップし,停止する。

・距離を理解し,歩幅を調整する。

・| 36 |。

・| 37 |。

アストンは今

現在のアストン：

・ジャンプ競技をする雄牛である。

・サビーヌとともに移動興行やイベントの旅に出る。

・| 38 |。

分析編

解答・解説編

共通テスト・第1日程

予想問題・第1回

予想問題・第2回

予想問題・第3回

Ａ　社会的な話題の記事を読み，ポスターを完成させる問題　

イントロダクション

　「アイスホッケーの安全性向上」についての記事が示され，理解を問う
問題。ポスターの空所を補充して完成させる形式である。

語句・文法

導入
▶ present O「O を発表する」
▶ findings「調査結果」

第 ❶ パラグラフ
❶▶ enjoyed by ... the world は a team sport を修飾する過去分詞句。
❷▶ object「目的」
❷▶ rubber「ゴム」
❷▶ disk「円盤」
❷▶ puck「パック」＊アイスホッケーで用いられる硬質ゴム製の円柱状の平板。
❷▶ hockey stick「スティック」
❸▶ engage in A「A に携わる，A を行う」
❸▶ fast-paced「スピードの速い，展開の速い」
❸▶ slippery「滑りやすい」
❸▶ ice rink「アイススケート場，スケートリンク」

第 ❷ パラグラフ
❶▶ make it easy for players to ... each other は make it C for A to do「A が…することを C にする」を用いた表現で，it が形式目的語，for A to do が真目的語。
❶▶ fall down「転倒する」
❶▶ bump into A「A にぶつかる」
❶▶ resulting in a variety of injuries は result in A「結果として A を生じる」を用いた分詞句で，主節の補足説明をしている。
❷▶ in an attempt to do「…しようとする試みにおいて，…しようとする際に」
❷▶ elbow「ひじ」
❸▶ despite A「A にもかかわらず」
❸▶ concussion「脳しんとう」

第 ❸ パラグラフ
❶▶ affect O「O に影響を及ぼす」
❶▶ the way it functions は the way S do「S の…する仕方」を用いた表現で，it は

the brain を指す。

❶▶ either X or Y「X または Y」

❷▶ ringing in the ears「耳鳴り」

❷▶ tough「頑丈な」

❷▶ in spite of A「A にもかかわらず」

❸▶ in other words「言い換えると」

❸▶ it は for an injured player to stop playing ... hurt を真主語とする形式主語。

❸▶ many did not の many は many injured players のこと。did not の後ろには stop playing after getting hurt が省略されている。

❹▶ it は that ... a lifetime を真主語とする形式主語。

❺▶ have trouble *doing*「…するのに苦労する」

❺▶ concentrate「集中する」

❻▶ depression「うつ」

❼▶ disorder「障害」

❶▶ consist of A「A から成り立っている」

❶▶ deal with A「A に対処する，A を扱う」

❷▶ visor「バイザー」＊アイスホッケーで用いられる，顔面保護用の透明のプラスチック板。

❷▶ attached to the helmet は attach O to A「O を A に取り付ける」を用いた過去分詞句で，pieces of clear plastic を修飾している。

❷▶ that protect the face は pieces of clear plastic を先行詞とする関係代名詞節。

❸▶ optional「任意の，自由選択の」

❺▶ penalty「ペナルティ，罰」

❺▶ suspension「出場停止」

❺▶ fine「罰金」

❺▶ who ... deliberately は players を先行詞とする関係代名詞節。

❺▶ hit O〈人〉in the head「O〈人〉の頭を叩く」

❺▶ deliberately「故意に」

❶▶ concussion spotter「脳しんとう監視員」

❷▶ official「職員」

❷▶ with access to ... replay は with access to A「A にアクセスできる，A を利用できる」を用いた表現で，NHL officials を修飾している。

❷▶ live streaming「ライブストリーミング」＊インターネット上で音声や映像をリアルタイムで配信すること。

❷▶ indication「徴候，指標」

❸▶ who had no medical training は two concussion spotters を補足説明する関係代名詞節。

❺▶ head office「本部」

❻▶ remove O from A「O を A から出す，除去する」

❼▶ allow O to *do*「O が…することを許可する」

第**7**パラグラフ

❶▶ make progress in A「A において進歩する」

❷▶ take measures to *do*「…する手段を講じる，とる」

❷▶ ensure O「O を確保する」

❸▶ lead to A「A につながる」

設問解説

問1　【脳しんとうの短期的影響を読み取る】　| 39 |　**正　解**：④　易

    あなたのポスターの | 39 | に入れるのに最も適切な選択肢を選びなさい。
    ①「攻撃的な行動」
    ②「思考の困難」
    ③「性格の変化」
    ④「不明瞭な視野」

　第**3**パラグラフ **❷**より，④が正解。本文の unable to ... see clearly「はっきりと見ることができない」が，選択肢では Unclear vision「不明瞭な視野」と言い換えられている。①，②，③は本文に記述がないため，誤り。

問2　【脳しんとうの長期的影響を読み取る】　| 40 |　**正　解**：③　易

    あなたのポスターの | 40 | に入れるのに最も適切な選択肢を選びなさい。
    ①「失明」
    ②「記憶障害」
    ③「睡眠障害」
    ④「不安定な歩行」

　第**4**パラグラフ **❺**より，③が正解。本文の have trouble ... sleeping「眠ることに支障がある」が，選択肢では Sleep disorders「睡眠障害」と言い換えられている。①，②は本文に記述がないため，誤り。④は第**3**パラグラフ **❷**に記述があるが，短期的な影響のことであるため，誤り。

問3 【脳しんとう監視員の役割を読み取る】　41　　正解：④　標準

　　あなたのポスターの　41　に入れるのに最も適切な選択肢を選びなさい。
①「プレイヤーが試合に戻るのを許す」
②「脳しんとうを起こしたプレイヤーを検査する」
③「脳しんとうを引き起こすプレイヤーに罰金を科す」
④「脳しんとうの徴候を示すプレイヤーを特定する」

　第6パラグラフ ❷，❻より，脳しんとう監視員の仕事は脳しんとうの徴候を示す選手を見つけることであるため，④が正解。①は同❼より，試合に戻る許可を出すのは医師であるため，②は同❻より，検査を行うのは医師であるため，それぞれ誤り。③は 第5パラグラフ ❺に罰金についての記述はあるが，脳しんとう監視員が導入された目的は脳しんとうの徴候を示す選手を見つけることであり，罰金を科すことではないため，誤り。

問4 【NHL の施策を要約する】　42　　正解：②　やや易

　　あなたのポスターの　42　に入れるのに最も適切な選択肢を選びなさい。
①「プレイヤーがより頑丈になることを期待してきた」
②「新しいルールや指針を実行してきた」
③「コーチに医療訓練をした」
④「バイザーの着用を任意のものにした」

　第5パラグラフ，第6パラグラフ 全体より，NHL は様々な新しいルールや指針を実行してきたことがわかるため，②が正解。④は 第5パラグラフ ❹に反し，誤り。①，③は本文に記述がないため，誤り。

分析編

解答・解説編

共通テスト・第1日程

予想問題・第1回

予想問題・第2回

予想問題・第3回

導入 あなたはスポーツの安全性に関するクラスのプロジェクトに取り組んでおり，以下の記事を見つけた。あなたはそれを読み，調査結果をクラスメートに向けて発表するため，ポスターを作っている。

アイスホッケーをより安全に

第❶パラグラフ ❶アイスホッケーは世界中で様々な人によって楽しまれているチームスポーツだ。❷アイスホッケーの目的は，「パック」と呼ばれる硬質ゴムの円盤をホッケー用スティックを使って動かし，相手チームのネットに入れることだ。❸それぞれ6人からなる2チームが，堅くて滑りやすいアイススケート場でこのスピードの速いスポーツを行う。❹プレイヤーはパックを空中に飛ばし，時速30キロに達することもある。❺このスピードでは，プレイヤーとパックは重大な危険を引き起こす可能性がある。

第❷パラグラフ ❶アイスホッケーのスピードとアイスリンクの表面の滑りやすさのせいで，プレイヤーは転倒したり互いにぶつかったりしやすくなり，結果的に様々なケガをする。❷プレイヤーを保護しようと試みる中，ヘルメットやグローブ，肩やひじや脚用のパッドのような装備が，これまで導入されてきた。❸このような努力にもかかわらず，アイスホッケーでは脳しんとうの発生率が高い。

第❸パラグラフ ❶脳しんとうは，脳の機能の仕方に影響を及ぼす脳に対する損傷である。脳しんとうは，頭，顔，首，その他の箇所に対する直接または間接の衝撃によって生じ，時に一時的な意識の喪失を引き起こしうる。❷それほど深刻でないケースでは，プレイヤーは短時間，まっすぐ歩くことやはっきりと見ることができないことがあり，耳鳴りを経験するかもしれない。❸中にはかすかな頭痛があるだけだと考え，脳を損傷しているとはわかっていない者もいる。

第❹パラグラフ ❶ケガの深刻さがわかっていないことに加え，プレイヤーはコーチがどう考えるかについて心配しがちだ。❷かつて，コーチたちは痛みにもかかわらずプレーする頑丈なプレイヤーの方を好んだ。❸言い換えると，ケガをした後，そのケガをしたプレイヤーはプレーを中断するのが理にかなっているように思えるが，多くがそうしなかった。❹しかしながら最近になって，脳しんとうは一生にわたって続く深刻な影響を及ぼす可能性があることがわかっている。❺脳しんとうになったことがある人は，集中することや眠ることに支障があるかもしれない。❻さらに，うつや気分の変化といった精神的な問題に苦しむかもしれない。❼一部のケースでは，嗅覚障害や味覚障害を発症するプレイヤーもいるかもしれない。

第❺パラグラフ ❶カナダとアメリカのチームから成るナショナルホッケーリーグ（NHL）は，脳しんとうに対処するため，より厳格なルールと指針を定めてきた。❷例えば，2001年，NHLはバイザー（ヘルメットに取り付ける，顔面を保護する透明のプラスチック板）の着用を導入した。❸当初，その着用は任意のもので，多くのプレイヤーが着用しないことを選択した。❹しかし，2013年以降，その着用は必須とされている。❺加えて，2004年，NHLは他のプレイヤー

の頭を故意に叩いたプレイヤーに出場停止や罰金といったより厳しいペナルティを科し始めた。

第6パラグラフ ❶また2015年，NHLは脳しんとう監視員のシステムも導入した。❷このシステムにおいては，ライブストリーミングとビデオプレイを確認できるNHLの職員が，目に見える脳しんとうの徴候がないかどうかを各試合中に監視する。❸当初は，医療の訓練を受けていない2人の脳しんとう監視員が試合を競技場で監視した。❹翌年，医療訓練を受けた1人から4人の脳しんとう監視員が追加された。❺彼らはニューヨークにあるNHL本部から各試合を監視した。❻プレイヤーが脳しんとうになっていると監視員が考える場合，プレイヤーは試合から外され，医師による検査を受けるために「安静室」に連れて行かれる。❼プレイヤーは医師が許可を与えるまで試合に戻ることが許されていない。

第7パラグラフ ❶NHLはアイスホッケーをより安全なスポーツにするうえで大きな進歩をした。❷脳しんとうの原因とその影響についてより多くのことがわかるにつれ，NHLはプレイヤーの安全を確保するためのさらなる手段を講じるに違いない。❸安全性の向上はアイスホッケーのプレイヤーとファンの数の増加につながるかもしれない。

アイスホッケーをより安全に

アイスホッケーとは何か？
・プレイヤーは相手チームのネットに「パック」を入れることで得点
・各チーム6人のプレイヤー
・高速でプレーされる氷上のスポーツ

主要な問題：脳しんとう発生率の高さ

脳しんとうの定義
脳の機能に影響を及ぼす脳に対する損傷

影響

短期	長期
・意識の喪失	・集中の困難
・まっすぐ歩けないこと	・ 40
・ 39	・精神的な問題
・耳鳴り	・嗅覚障害および味覚障害

解決策

ナショナルホッケーリーグ（NHL）
・バイザーつきのヘルメットの着用義務化
・危険なプレイヤーへの厳しいペナルティ
・ 41 ための脳しんとう監視員の導入

要約
アイスホッケーのプレイヤーは脳しんとうになる高いリスクを抱えている。
それゆえ，NHLは 42 。

分析編

解答・解説編

共通テスト・第1日程

予想問題・第1回

予想問題・第2回

予想問題・第3回

イントロダクション

「天然および人工の甘味料」についての文章の理解を問う問題。

語句・文法

導入

▶ sweetener「甘味料」

第❶パラグラフ

❸▶ sugar cane「サトウキビ」

❺▶ extract O「O を抽出する」

❻▶ obvious「明白な，わかりやすい」

❼▶ abundant「豊富にある」

❼▶ inexpensive「安い」

❼▶ process O「O を処理する，加工する」

❾▶ Taking science one step further は副詞のはたらきをする現在分詞句。

第❷パラグラフ

❶▶ conclude that S V ...「…と結論付ける」

❶▶ energy intake「エネルギー摂取量」

❶▶ added sugar「添加糖類」＊飲食物の製造・加工時に添加される糖。

❶▶ refer to A「A を指す」

❷▶ , while S V ...「一方で…」

❸▶ sweeten O「O を甘くする」

❹▶ have ... effects on A「…な影響を A に及ぼす」

❹▶ including A「例えば A，A を含んで」＊具体例を表す表現。

❹▶ weight gain「体重増加」

❺▶ low-calorie「低カロリーの」

❺▶ substitute for A「A の代わりとなるもの，代替品」

第❸パラグラフ

❶▶ alternative to A「A の代わりとなるもの，代替品」

❶▶ include O「O を含む」

❶▶ maple syrup「メープルシロップ」＊サトウカエデの樹液から採れる甘いシロップ。

❷▶ consequently「結果的に，その結果」

❷▶ artificial「人工的な」

❷▶ chemical combination「化合物」

第❹パラグラフ

❹▶ intense「激しい，強い」

❺▶ which is ... than sugar は "Advantame" を補足説明する関係代名詞節。

❻▶ tiny「小さな」

第⑤パラグラフ

❶▶ it は to consider health issues を真主語とする形式主語。

❷▶ result in A「結果として A を生じる」

❷▶ lead to A「A につながる」

❹▶ apart from A「A は別として」

❹▶ link O with A「O を A と関連付ける」

❺▶ contain O「O を含んでいる」

❺▶ suspected of causing cancer は suspect O of A「O が A をしたのではないかと疑う」を用いた表現で，chemicals を修飾する過去分詞句。

❺▶ show O to *do*「O が…することを証明する，示す」

❺▶ pregnant「妊娠している」

❺▶ the elderly「お年寄りの人々」

❻▶ relatively「比較的」

❻▶ which are low in calories は alternative sweeteners を修飾する関係代名詞節。

❼▶ unfortunately「残念ながら，残念なことに」

❼▶ extremely「極度に，きわめて」

第⑥パラグラフ

❶▶ even with all the information は with all A「A がありながら，A をもってしても」を用いた表現。

❶▶ whether to *do* or to *do*「…すべきか，～すべきか」

❷▶ one or more「1 つまたはそれ以上の」

❷▶ nonetheless「それにもかかわらず」

❸▶ weigh O「O を比較検討する」

❸▶ suit O「O に合う」

設問解説

問1 【科学が甘味料の世界に及ぼした影響を読み取る】

| 43 | 正解：③ 標準 |

> あなたは現代科学が 43 によって甘味料の世界を変えたことがわかる。
> ①「新しく，より甘い白砂糖の種類を発見すること」
> ②「アメリカ人のエネルギー摂取量を測定すること」
> ③「様々な新しい選択肢を提供すること」
> ④「自然由来の，新たに開発した多くの植物を使うこと」

第①パラグラフ④，⑤，⑨より，③が正解。本文の have developed a wide variety of artificial sweeteners「幅広い種類の人工甘味料を開発してきた」が，選択肢では providing a variety of new options「様々な新しい選択肢を提供すること」と言い換えられている。②は 第②パラグラフ① に記述はあるが，調査結果が述べられているにすぎないため，誤り。①，④は本文に記述がないため，誤り。

問2 【複数の段落にまたがる根拠箇所を読み取り，情報を整理する】

| 44 | 正解 ：③ | 易 | 思 |

　あなたはちょうど学んだばかりの情報をまとめている。表を完成させるにはどうすべきか。 44

甘さ	甘味料
強い	アドバンテーム
	(A)
	(B)
	(C)
弱い	(D)

① 「(A)ステビア　(B)スクラロース　(C)Ace-K，アスパルテーム　(D)HFCS」
② 「(A)ステビア　(B)スクラロース　(C)HFCS　(D)Ace-K，アスパルテーム」
③ 「(A)スクラロース　(B)ステビア　(C)Ace-K，アスパルテーム　(D)HFCS」
④ 「(A)スクラロース　(B)ステビア　(C)HFCS　(D)Ace-K，アスパルテーム」

第①パラグラフ⑧より，HFCS は砂糖の約 1.2 倍，第④パラグラフ② より，アスパルテームと Ace-K は砂糖の 200 倍，同③より，ステビアは砂糖の 300 倍，スクラロースはステビアの 2 倍（砂糖の 600 倍）甘いことがわかる。甘さが強いものから順に並べると，（A）スクラロース→（B）ステビア→（C）Ace-K，アスパルテーム→（D）HFCS となるため，③が正解。本問のように根拠箇所が複数の段落にある問題には注意が必要である。

分析編

解答・解説編

共通テスト・第1日程

予想問題・第1回

予想問題・第2回

予想問題・第3回

問3 【甘味料についての情報を読み取る】

45 ・ 46 　 正解 ：③・⑤ 　 やや難

> 　　あなたの読んだ記事によると，以下のうち正しいものはどれか。（2つの選択肢を選びなさい。順番は問わない。） 45 ・ 46
> ①「代替甘味料は体重増加を引き起こすことが証明されてきた。」
> ②「アメリカ人はエネルギーの 14.6% を代替甘味料から得る。」
> ③「代替甘味料を植物から得ることは可能だ。」
> ④「ほとんどの人工甘味料はそれを用いて料理しやすい。」
> ⑤「キシリトールやソルビトールのような甘味料はすぐには消化されない。」

　まず， 第3パラグラフ ❶，❹より，③が正解。また， 第5パラグラフ
❻，❼より，⑤が正解。①は 第2パラグラフ ❹や 第5パラグラフ ❷に体重増加についての記述はあるが，代替甘味料が体重増加を引き起こすことが証明されたという記述はないため，誤り。②は 第2パラグラフ ❶より，平均的なアメリカ人のエネルギー摂取量の 14.6% を占めるのは添加糖類からであり，代替甘味料からではないため，誤り。④は 第4パラグラフ ❶に反し，誤り。

問4 【筆者の中心的主張を把握する】 　 47 　 正解 ：④ 　 やや易

> 　　筆者の立場を表すものとして最もふさわしいものは以下のうちどれか。
> 47
> ①「筆者は飲み物やデザートにおける人工甘味料の使用に反対する主張をしている。」
> ②「筆者は人工甘味料が伝統的な甘味料に取って代わることに成功したと信じている。」
> ③「筆者は将来使うために，はるかに甘い製品を発明することが重要だと述べている。」
> ④「筆者は人々が自分にとって妥当な甘味料を選ぶことに焦点を当てるべきだと提案している。」

　 第6パラグラフ ❸より，④が正解。①，②，③は本文に記述がないため，誤り。

導入　あなたは保健の授業で栄養について勉強している。様々な甘味料について
より多くのことを知るため，教科書にある以下の文章を読む。

第❶パラグラフ　❶ケーキ，キャンディー，ソフトドリンク…私たちの多くは，
甘いものが大好きだ。❷実際，英語では若者は何かが「良い」ことを言うために
「スイート！（甘い！）」と言う。❸甘さについて考えるとき，私たちはサトウキ
ビやサトウダイコンから採れた通常の白砂糖を想像する。❹しかしながら，科学
の発見が甘味料の世界を変えた。❺私たちは今や多くの他の植物から砂糖を抽出
できる。❻最もわかりやすい例はトウモロコシだ。❼トウモロコシは豊富にあり，
安く，加工しやすい。❽異性化糖（HFCS）は一般的な砂糖の約 1.2 倍の甘さだが，
カロリーはかなり高い。❾過去 70 年の間に，科学者たちは科学をさらに進歩させ，
幅広い種類の人工甘味料を開発してきた。

第❷パラグラフ　❶最近の米国全国健康・栄養調査によると，平均的なアメ
リカ人のエネルギー摂取量の 14.6% が，自然食品に由来しない砂糖を指す「添加
糖類」からだと結論付けられた。❷例えばバナナは自然食品だが，一方でクッキ
ーは添加糖類を含んでいる。❸添加糖類のカロリーの半分以上は甘味料を加えた
飲み物やデザートから来ている。❹大量の添加糖類は，過剰な体重増加やその他
の健康問題といった悪影響を私たちの身体に及ぼしうる。❺この理由から，多く
の人が飲み物や軽食，デザートに対する低カロリーの代替品を選ぶ。

第❸パラグラフ　❶白砂糖に対する天然の代替食品には，ブラウンシュガー，
ハチミツ，メープルシロップがあるが，それらもまたカロリーが高い傾向にある。
❷その結果，主として人工の化合物である，代替的な「低カロリー甘味料」（LCS）
が人気となった。❸今日最も一般的な LCS は，アスパルテーム，Ace-K，ステビ
ア，スクラロースである。❹すべての LCS が人工的なわけではない。ステビアは
植物の葉から採れる。

第❹パラグラフ　❶代替甘味料は料理で使いづらいことがある。というのも，
中には熱を加えることができないものもあり，ほとんどが白砂糖よりはるかに甘
いからだ。❷アスパルテームと Ace-K は砂糖の 200 倍甘い。❸ステビアは 300 倍
甘く，スクラロースはステビアの甘さの 2 倍である。❹一部の新しい甘味料はさ
らに強烈な甘さだ。❺日本の企業が最近，砂糖の 2 万倍の甘さの「アドバンテーム」
を開発した。❻何かを甘くするのに，この物質はほんの少ししか要らない。

第❺パラグラフ　❶甘味料を選ぶときは，健康の問題について考えることが
重要だ。❷例えば白砂糖が大量に入ったデザートを作ることで，高カロリーの料
理になり，体重増加につながりうる。❸まさにこの理由で，LCS の方を好む人が
いる。❹しかしながら，カロリーは別として，人工的な LCS を摂取することと，
様々な他の健康上の懸念を関連付ける研究がある。❺LCS の中にはがんを引き起
こす疑いがある強い化学物質を含むものがある一方で，記憶力や脳の発達に影響
を与えることが証明されているものもある。したがって，それらは特に幼い子ど
もや妊娠している女性，お年寄りにとって危険なものになりうる。❻キシリトー
ルやソルビトールのように，比較的天然の代替甘味料が少数存在し，それらはカ

ロリーが低い。❼残念ながら，これらは体の中を極度にゆっくりと動くため，大量に摂取すると胃の不調を引き起こしうる。

第6パラグラフ ❶そのような情報があるにもかかわらず，何か甘いものを欲するときに砂糖のようなよく使われているより高いカロリーの甘味料を使い続けるべきか，それとも LCS を使用すべきかを判断するのは難しい。❷今日の多くの種類のガムやキャンディーが 1 つまたは複数の人工甘味料を含んでいる。それにもかかわらず，ホットドリンクに人工甘味料を入れたりしない人の中にも，そうした商品を買う人はいるかもしれない。❸一人一人が選択肢を比較検討してからニーズと状況に最も合う甘味料を選ぶ必要がある。

予想問題・第1回　解答

問題番号 (配点)	設問	解答番号	正解	配点	問題番号 (配点)	設問	解答番号	正解	配点
第1問 (10)	A	1	1	4	2	第4問 (16)	1	24	2	2
		2	2	4	2			25	5	2
	B	1	3	3	2		2	26	2	3
		2	4	4	2		3	27	1	3
		3	5	4	2		4	28	1	3
第2問 (20)	A	1	6	1	2		5	29	3	3
		2	7	1	2	第5問 (15)	1	30	2	3
		3	8	1	2		2	31	2	3
		4	9	2	2		3	32	5	3*
		5	10	3	2			33	3	
	B	1	11	2	2			34	4	
		2	12	1	2			35	2	
		3	13	1	2		4	36-37	2-3	3*
		4	14	4	2		5	38	2	3
		5	15	1	2	第6問 (24)	A	1	39	4	3
第3問 (15)	A	1	16	3	3			2	40	2	3
		2	17	1	3			3	41	3	3
	B	1	18	4	3*			4	42	1	3
			19	2			B	1	43	4	3
			20	1				2	44	1	3
			21	3				3	45-46	1-4	3*
		2	22	1	3			4	47	1	3
		3	23	2	3						

(注)
1 *は，全部正解の場合のみ点を与える。
2 －（ハイフン）でつながれた正解は，順序を問わない。

分析編

解答・解説編

共通テスト・第1日程

予想問題・第1回

予想問題・第2回

予想問題・第3回

情報の探し読みを通じて，必要な情報を読み取る力を問う問題

A ［携帯メッセージのやり取りを読んで意図を把握する問題］ 易

イントロダクション

　携帯メッセージのやり取りが示され，それについての理解を問う問題。

語句・文法

導入

▶ text message「携帯メッセージ」
▶ mobile phone「携帯電話」
▶ request「要求」

携帯メッセージ

❸▶ welcome party「歓迎会」
❹▶ plan to *do*「…することを計画する」
❺▶ school cafeteria「学生食堂」
❼▶ write O down / write down O「O を書き留める」
❽▶ forgetful「忘れっぽい」
⓬▶ supper「夕食」
⓭▶ make friends with A「A と友達になる」
⓳▶ be looking forward to A「A を楽しみにしている」

設問解説

問1　【エレンの要望の内容を把握する】　1　正解：④　易

> 　　エレンの要望は何だったか。　1
> ①「彼女と一緒にリリーの歓迎会に行くこと」
> ②「彼女と食堂で夕食を食べること」
> ③「彼女がどれほど忘れっぽいかを覚えておくこと」
> ④「彼女にパーティがいつどこで始まるかを伝えること」

　❺，❻より，エレンは歓迎会の場所と開始時間を知りたいことがわかるため，④が正解。①，②，③は本文に記述がないため，誤り。

問2　【メッセージのやり取りの流れを追う】　2　正解：④　やや易　思

分析編

解答・解説編

共通テスト・第1日程

予想問題・第1回

予想問題・第2回

予想問題・第3回

エレンの2つ目の携帯メッセージに対して，あなたはどのように答えるか。

　2

① 「午後7時50分の方がいいよ。」
② 「それを聞いてうれしいよ。」
③ 「それはいい考えだね。」
④ 「それは遅すぎない？」

　⓫で歓迎会が午後6時開始だと伝えたにもかかわらず，エレンは⓲で午後8時50分という歓迎会がすでに始まっている時刻を待ち合わせ時間として提案している。そこで，応答としてかみ合うものを選ぶ。④が正解。①，②，③は応答としてかみ合わないため，誤り。

▶日本語訳

導入　あなたのクラスメートであるエレンが，あなたの携帯電話にお願いのメッセージを送ってきた。

❶こんにちは！
❷元気にしてる？❸次の日曜日のリリーの歓迎会，行く？❹私は行く予定なんだけど，パーティについて知っておきたいことがあるんだ。❺パーティは学食で行われるんだよね？❻あと，パーティはいつ始まるんだっけ？❼ノートに書いておいたはずなんだけど，そのノートをどこに置いたか忘れちゃって。❽私は本当に忘れっぽいんだ！

❾私もパーティに行くつもりだよ。❿パーティをする場所についてはあなたの言う通り。⓫午後6時開始ね。⓬夕食はパーティの前に食べない方がいいだろうね。⓭パーティはリリーやその他の生徒たちと友達になるいい機会になりそうだね。⓮待ちきれないよ！

⓯素晴らしい！⓰ありがとう！⓱あなたはいつも本当に頼りになるね。⓲午後8時50分に校門のところで会おう。⓳次の日曜日を本当に楽しみにしているよ。

イントロダクション

　ウェブサイトに掲載された「コーヒーハウスの会員資格」の告知記事が示され，それについての理解を問う問題。

語句・文法

導入
▶ coffeehouse「コーヒーハウス，喫茶店」

第1パラグラフ
❷▶ benefit「利点，特典」
❹▶ online「オンラインで，インターネット上で」
❹▶ in advance「前もって」

表
▶ refill「おかわり」
▶ prepaid card「プリペイドカード」＊先払い式のカード。

表の注釈
▶ let O *do*「O が…することを許す，可能にする」
▶ up to A「最大で A」
▶ include O「O を含む」
▶ seminar「セミナー，勉強会」
▶ specialist「専門家」
▶ tasting「試飲」
▶ either X or Y「X または Y」
▶ renew O「O を更新する」
▶ upgrade「アップグレードする」
▶ fee「料金」
▶ whether S V ...「…するかどうかにかかわらず，…であれ〜であれ」

設問解説

問1 【新規会員特典の内容を読み取る】　　3　　正解：③　易

　　すべての新規 BM コーヒークラブ会員は，　3　。
　①「2 週間前にオンラインで注文できる」
　②「ドリンクが 20％割引である」
　③「BM コーヒークラブ会員証を受け取る」
　④「毎週無料ドリンク券を受け取る」

第❶パラグラフ ❺より，③が正解。①は 表の注釈 ◇1つ目に，④は
第❶パラグラフ ❸に反し，それぞれ誤り。②は本文に記述がないため，
誤り。

問2 【表や表の注釈から必要な情報を読み取る】
　4　 正解 ：④ 易 思

> 　　新規シルバー会員になると何が得られるか。　4
> ① 「コーヒー1杯おかわり無料」
> ② 「コーヒー試飲会への招待」
> ③ 「毎日の新商品情報」
> ④ 「毎月のBMコーヒーハウスからのプレゼント」

　表　の「会員資格の選択肢：シルバー」より，④が正解。①は 表 に，
②は 表 と 表の注釈 ◇3つ目に，③は 表 と 第❶パラグラフ ❸に反し，
それぞれ誤り。

問3 【会員資格についての情報を読み取る】　5　 正解 ：④ やや易 思

> 　　1年間クラブ会員になった後，　5　ことができる。
> ① 「5ドルの料金を支払ってゴールド会員になる」
> ② 「新しいコーヒー割引券を手に入れる」
> ③ 「無料で会員資格を更新する」
> ④ 「50%オフで会員資格をアップグレードする」

　表の注釈 ◇4つ目より，④が正解。 表の注釈 の for half the regular
fee「半額で」が，選択肢では at 50% off「50%オフ」と言い換えられて
いる。①は 表 と 表の注釈 ◇4つ目に（ゴールド会員にアップグレー
ドするのに必要な料金は 20 ÷ 2 = 10 ドル），③は 表の注釈 ◇4つ目に
反し，それぞれ誤り。②は本文に記述がないため，誤り。

▶日本語訳◀

導入　あなたが好きなアメリカのコーヒーハウスが会員証を提供しており，あな
たはその会員になることを検討している。あなたは公式ウェブサイトにアクセスする。

分析編

解答・解説編

共通テスト・第1日程

予想問題・第1回

予想問題・第2回

予想問題・第3回

ブルーマウンテンコーヒークラブ会員資格

第1パラグラフ ❶いつもご利用いただき，ありがとうございます。❷ブルーマウンテン（BM）コーヒークラブの会員になると，もっとコーヒーをお楽しみいただき，たくさんの特典が受けられます！❸新規会員は全員，無料ドリンク券1枚を毎月，新製品についての情報を毎週，受け取ります。❹さらに，会員はあらかじめオンラインで注文をすることができます。❺あなたは会員になってから約2週間後に会員証を受け取ります。❻あなたはコーヒーハウスで会員証を提示するか，会員番号をオンラインで入力する必要があります。

第2パラグラフ ❶あなたは，アメリカに1,000ある私たちのコーヒーハウスのどの店舗でも，1年間ずっと会員証を使えます。❷あなたは会員資格をブロンズ，シルバー，ゴールドの3つのレベルから選ぶことができます。❸会員資格の選択肢は以下に説明されています。

以下の会員資格の選択肢から選んでください。

会員特典（☕）	会員資格の選択肢		
	ブロンズ（2ドル）	シルバー（10ドル）	ゴールド（20ドル）
無料ドリンク券1枚を毎月	☕	☕	☕
オンライン注文	☕	☕	☕
毎週の新商品情報	☕	☕	☕
1ドルで1杯おかわり		☕	☕
BMからの毎月のプレゼント		☕	☕
特別イベントへのご招待			☕
20%オフのBMプリペイドカード			☕

チェック！

◇オンライン注文では，ご来店の最大24時間前からインターネットでご注文いただけます。

◇1ドルでのおかわりは，ご来店のたびに最大2回まで1ドルでもう1杯お楽しみいただけます。

◇特別イベントには，コーヒーの専門家によるコーヒーセミナーやコーヒー試飲会が含まれます。

◇1年目の終わりに，半額で会員資格を更新するか，通常料金の半額でアップグレードするかを選べます。

ブロンズ会員でもシルバー会員でもゴールド会員でも，BMコーヒークラブ会員であることをとても気に入るでしょう。詳しい情報を知りたい方，入会したい方は，ここをクリック。

第2問 短い英文や表の要点をとらえ，事実と意見の違いを整理する力を問う問題

A コンテストの評価表や審査員のコメントから情報を読み取る問題 やや易

イントロダクション

　学校の発表コンテストにおける，評価表や審査員からのコメントを読み取り，それに対する設問に答える問題。

語句・文法

導入
- ▶ in charge of A「A について責任がある，A を担当している」
- ▶ presentation「発表」
- ▶ judge「審査員」

表：審査員の最終平均スコア
- ▶ average「平均の」
- ▶ logic「論理」

審査員の個別コメント
- ハワード氏❶▶ logical「論理的な」
- ハワード氏❶▶ make oneself understood「（自分の考えを）わかってもらう，（話などが）通じる」
- アーロン氏❷▶ follow O「O の話を理解する」
- ウィリアムズ氏❶▶ eye contact「アイコンタクト」

審査員間で共有された評価
- ▶ summarize O「O を要約する，手短に述べる」
- 第❶パラグラフ ❶▶ evaluate O「O を評価する」

設問解説

問1 【評価表からジェスチャーが最もうまい人の情報を読み取る】

| 6 | 正解：① | 標準 | |

　　審査員の最終平均スコアに基づくと，誰が最もうまく視覚的な伝達手段を使ったか。 6
① 「エイミー」
② 「ボールドウィン」
③ 「カール」
④ 「デボラ」

分析編

解答・解説編

共通テスト・第1日程

予想問題・第1回

予想問題・第2回

予想問題・第3回

設問文の visual means of communication「視覚的な伝達手段」から，**表：審査員の最終平均スコア** の Gestures「ジェスチャー」の項目に着目する。「ジェスチャー」の点数が最も高いのはエイミーである（10）ため，①が正解。

問2 【審査員の評価の概要を読み取る】　　7　　**正解**：①　**易**　**思**

> どの審査員が肯定的なコメントと批判的なコメントの両方を出したか。
> 　　7
> ①「アーロン氏」
> ②「ハワード氏」
> ③「ウィリアムズ氏」
> ④「1人もいない」

　　審査員の個別コメント アーロン氏❹，❺より，①が正解。逆接を表す but の前後で反対の評価が述べられている。

問3 【事実と意見を区別する】　　8　　**正解**：①　**やや易**　**思**

> 　審査員の個別コメントからわかる**事実**は，　　8　　ということだ。
> ①「すべての審査員がエイミーのジェスチャーを良いと考えた」
> ②「エイミーはジェスチャーの効果的な使い方を知っている」
> ③「ボールドウィンの発表はよくまとまっていた」
> ④「カールの声は明瞭で，非常に聞き取りやすかった」

　　審査員の個別コメント ハワード氏❸，**審査員の個別コメント** アーロン氏❺，**審査員の個別コメント** ウィリアムズ氏❶〜❸より，すべての審査員がエイミーのジェスチャーを賞賛しているため，①が正解。②はウィリアムズ氏の，③はハワード氏とアーロン氏の，④はハワード氏の「意見」であるため，それぞれ誤り。

問4 【事実と意見を区別する】　　9　　**正解**：②　易　思

> 　審査員のコメントおよび共有された評価からわかる**意見**は，　9　という
> ことだ。
> ① 「アーロン氏のジェスチャーについての提案は同意された」
> ② 「聴衆はボールドウィンの発表をよく理解した」
> ③ 「順位は審査員のコメントに基づいて決められた」
> ④ 「3人の発表者が3人の審査員に評価された」

　審査員の個別コメント　ハワード氏❶，　**審査員の個別コメント　アーロン
氏❷**より，②が正解。①，③，④は「事実」であるため，誤り。

問5 【評価表と審査員のコメントから最終的な順位を読み取る】
　10　　**正解**：③　やや易　思

> 　審査員間で共有された評価に基づくと，以下のうちどれが最終的な順位か。
> 　10
> | | 1位 | 2位 | 3位 |
> |---|---|---|---|
> | ① | 「エイミー | ボールドウィン | カール」 |
> | ② | 「エイミー | カール | ボールドウィン」 |
> | ③ | 「ボールドウィン | エイミー | カール」 |
> | ④ | 「ボールドウィン | カール | エイミー」 |
> | ⑤ | 「カール | エイミー | ボールドウィン」 |
> | ⑥ | 「カール | ボールドウィン | エイミー」 |

　まず，　**表：審査員の最終平均スコア**　と　**審査員間で共有された評価　第1パ
ラグラフ❷**より，「論理」の得点が最も高いボールドウィンが1位である
とわかる。また，　**表：審査員の最終平均スコア**　と　**審査員間で共有された評価
第2パラグラフ❷**，**❸**より，「ジェスチャー」の得点がより高いエイミー
が2位，カールが3位であるとわかる。③が正解。

分析編

解答・解説編

共通テスト・第1日程

予想問題・第1回

予想問題・第2回

予想問題・第3回

導入 あなたは学校の発表コンテストを担当している。あなたは順位を理解し説明するために，すべての得点と審査員からのコメントを調べている。

審査員の最終平均スコア

名前＼技能	論理 (10)	声 (10)	ジェスチャー (10)	合計 (30)
エイミー	8	7	10	25
ボールドウィン	9	8	8	25
カール	7	9	9	25
デボラ	欠席			

審査員の個別コメント

ハワード氏	❶ボールドウィンの発表はとても論理的であり，彼は自分の考えを聴衆に理解してもらえているように見えた。❷カールの声は明瞭だった。❸エイミーのジェスチャーは完璧だったと思う！
アーロン氏	❶ボールドウィンは，論理的な発表をした。❷聴衆は彼の言っていることを容易に理解できたと思う。❸ボールドウィンは将来有望だと私は考えている。❹カールは効果的なジェスチャーをしたが，準備が十分でなかった。❺エイミーのジェスチャーはよかったが，彼女の声は発表には少し小さかったように感じられた。
ウィリアムズ氏	❶エイミーのジェスチャーとアイコンタクトは，非常に効果的だった！❷彼女は舞台俳優のように見えた。❸彼女は聴衆を本当にひきつけていた。

審査員間で共有された評価（ハワード氏による要約）

第❶パラグラフ ❶評価を受けた3人の発表者の最終得点は同じです。❷私たち3人の審査員は，発表を評価する際に考慮すべき最も重要なことは発表の内容であるという点で意見が一致しました。❸したがって，1位はこの基準に基づき容易に決まります。

第❷パラグラフ ❶次に，私たちは他の2つの技能のうち，どちらがより重要かについて議論しました。❷アーロン氏はジェスチャーが声の良さよりも重要だと述べました。❸ウィリアムズ氏と私はこの意見に賛成しました。

イントロダクション

　「制服の導入」という学校の新方針についてのオンライン掲示板上での
やり取りが示され，それについての理解を問う問題。

語句・文法

導入

▶ hear about A「A について聞く」
▶ policy「方針」
▶ exchange student「交換留学生」
▶ discussion「議論」
▶ online forum「オンライン掲示板，インターネット掲示板」

アレンの投稿

▶ post O「O を投稿する」

第1パラグラフ

❶▶ student body president「生徒会長」
❷▶ appreciate O「O を評価する，O に感謝する」

第2パラグラフ

❶▶ propose O「O を提案する」
❷▶ opposition「反対」
❸▶ aware that S V ...「…ということを認識している」
❹▶ spend O *doing*「…するのに O を費やす」
❺▶ insist that S V ...「…ということを主張する」
❺▶ have O *do*「O に…させる」
❻▶ they pick out themselves は clothes を修飾する形容詞節。
❼▶ enjoy O「O（自由・特権など）を享受する」
❼▶ freedom「自由」

生徒会長メアリーの投稿

第1パラグラフ

❷▶ mention O「O に言及する」
❷▶ save O₁ O₂「O₁ の O₂ を節約する」

第2パラグラフ

❷▶ based on A「A に基づいている」
❷▶ organisation「組織，機関」＊イギリス英語。アメリカ英語では organization と
　　つづる。
❹▶ whose ... financially は students を先行詞とする関係代名詞節。
❹▶ struggle financially「経済的に困窮する」

問1 【新方針に対するアレンの考えを把握する】　　11　　正解：②　やや易

> 　　アレンは新方針　11　と考えている。
> ① 「によって生徒の支払うお金がずっと少なくなるかもしれない」
> ② 「が生徒による自己表現の妨げとなるかもしれない」
> ③ 「が生徒会によって受け入れられるべきだ」
> ④ 「は生徒により多くの自由を与える」

　アレンの投稿 第❷パラグラフ ❻，❼より，②が正解。①，③，④は本文に記述がないため，誤り。

問2 【事実と意見を区別する】　　12　　正解：①　やや易　思

> 　　掲示板へのアレンの投稿において述べられている**事実**は，　12　ということだ。
> ① 「時間通りに学校へ行かない生徒もいた」
> ② 「学校は生徒の決定を尊重すべきだ」
> ③ 「生徒会長はうまくやっている」
> ④ 「好きな服を着ることが最も重要だ」

　アレンの投稿 第❷パラグラフ ❸より，①が正解。②，③，④は「事実」ではなく「意見」であるため，誤り。

問3 【書き手の意図を把握する】　　13　　正解：①　易　思

> 　　方針の目的が生徒の時間節約にあると考えているのは誰か。　13
> ① 「アレン」
> ② 「メアリー」
> ③ 「機関」
> ④ 「学校」

　アレンの投稿 第❷パラグラフ ❹，❺より，アレンは新方針の目的が生徒の時間の節約にあると考えていることが推測できるため，①が正解。

問4 【新方針の根拠となる「事実」を読み取る】
　14　　正解：④　やや易　思

メアリーは新方針の根拠を　14　という**事実**に置いている。
① 「それによって生徒が遅刻しなくなる」
② 「生徒は朝，勉強をすべきである」
③ 「制服によって生徒が平等に見える」
④ 「制服を着ることで生徒がお金を節約できる」

　　生徒会長メアリーの投稿 **第2パラグラフ** ❷，❸より，調査によって根拠が数字として示されている④が正解。①，②，③は「事実」ではなく「意見」であるため，誤り。

問5 【新方針に反対する根拠を考える】　　15　　：① 　思

　　　アレンが新方針に反対するのを手伝うとすれば，あなたは何を調べるだろうか。　15　
① 「近年における私服の価格の変化」
② 「何人の生徒が学校に遅刻しているか」
③ 「私服と制服の歴史」
④ 「朝，服を選ぶのにかける時間」

　　生徒会長メアリーの投稿 **第2パラグラフ** ❷，❸より，メアリーが新方針の根拠として挙げているのは生徒のお金の節約であるとわかる。よって，お金に関連した事柄を調査すれば，アレンが新方針に反対するのに役立つ可能性がある。①が正解。②，③，④は新方針の根拠とは無関係であるため，誤り。

日本語訳

導入　　あなたは交換留学生として学んでいるイギリスの学校で，学校の方針変更について耳にした。オンライン掲示板で，あなたはその方針についての生徒間の議論を読んでいる。

アレンの投稿　　　　　　　　　　　　　　　　　　　− ▢ ✕

学校の新方針　＜2021年3月3日投稿＞
To: メアリー
From: アレン

メアリーへ
第1パラグラフ　❶生徒会長としてあなたが行っているすべての仕事に感謝しています。❷私は生徒の一人として，あなたの学校を良くしようとす

る努力を本当に評価しています。

第2パラグラフ ❶生徒会が学校の方針の変更を提案していると聞きました。❷その変更に対し，強い反対を表明したいと思います。❸最近多くの生徒が遅刻していることを認識しています。❹おそらく，学校に何を着ていくかを選ぶのに多くの時間をかけているからでしょう。❺これが学校が生徒に制服を着させるべきだと主張したい理由ですか？❻西ロンドンスクールの生徒は自分で選んだ服を着ることで自己表現をしたがっています。❼彼らは今ある自由を享受し続けることを望んでいます。❽それゆえ，学校の方針の変更についてどうか考え直してもらえないでしょうか？

よろしくお願いいたします。
アレン

生徒会長メアリーの投稿

Re: 学校の新方針　＜2021年3月4日投稿＞
To: アレン
From: メアリー

アレンへ
第1パラグラフ ❶あなたが意見を投稿してくれたことに感謝しています。❷あなたは方針の変更についてのいくつかの重要な点，特に生徒の朝の時間節約について，指摘してくれました。
第2パラグラフ ❶新方針の目的は，生徒の時間節約ではありません。❷決定はある機関による2020年の調査に基づいています。❸その報告書によると，制服を着ることで1年に3分の1の費用削減になるということです。❹家庭が経済的に困窮している生徒もいますから，すべての生徒に制服を着てほしいのです。

敬具
メアリー
生徒会長

第3問　平易な英語で書かれた文章の読み取りを通じて，内容を把握する力を問う問題

Ａ　ウェブサイトの Q&A と図から総合的に判断する問題　標準

イントロダクション

　「ホテルが快適で便利かどうか，空港からどうやって行くか」について，ウェブサイト上の Q & A およびホテルへの行き方を表す図が示され，それについての理解を問う問題。

語句・文法

導入
▶ Q&A section「Q&A コーナー」

質問
❷▶ sightseeing「観光」

回答
❶▶ every time S V ...「…ときはいつも」
❸▶ well-known「有名な」
❾▶ be supposed to *do*「…することになっている」
⓰▶ note that S V ...「…ということに気をつける」

設問解説

問1　【ホテルについての情報を読み取る】　16　　正解：③　やや易

　バリーの回答から，あなたはバリーが　16　ということがわかる。
① 「電車に乗るのが最善の方法だと考えている」
② 「2 回目のホテルへの訪問で道に迷った」
③ 「ホテルの立地が良いと考えている」
④ 「2 回とも空港から ARL と BTS を利用した」

　回答　❷，❸より，③が正解。①，②，④は本文に記述がないため，誤り。

問2 【ウェブサイトのQ＆Aと行き方を表す図の情報を合わせて判断する】

| 17 | 正解：① | 標準 | 思 |

> あなたは2022年4月16日午後6時に公共交通機関で空港を出発する。ホテルに行くのに最も速い方法はどれか。 17
> ① 「ARL と BTS」
> ② 「BTS とミニバス」
> ③ 「タクシーと BTS」
> ④ 「タクシーとミニバス」

　回答 と ホテルへの行き方 から，2022年4月16日午後6時頃，国際空港からセントラルホテルまでより速く行く方法を計算する。まず，ホテルへの行き方 より，ARL と BTS を使って空港からホテルまで行く場合，ARL で30分，BTS 本線で5分，BTS シーロム線で6分，最後に徒歩で5分，合計46分かかることがわかる。一方で，ミニバスとタクシーを使って行く場合，ミニバスで30分，タクシーで15分，合計45分かかることがわかる。また，回答 ⑮，⑯ より，午後6時頃は道路がとても混んでいること，バリーの友人でその時間帯にミニバスを使い，通常の2倍以上の時間がかかった人もいることがわかる。よって，2022年4月16日午後6時頃に国際空港からセントラルホテルまで行く手段としては，混雑している道路を移動することになるミニバスやタクシーよりも，電車の方が速い。

　以上から，電車のみを使用した①が正解。

日本語訳

　導入　あなたはタイのホテルに泊まることを計画している。あなたは旅行に関するアドバイスをするウェブサイトのQ＆Aコーナーで，役に立つ情報を見つけた。

---

❶2022年4月に，バンコクにあるセントラルホテルに宿泊しようと計画しています。❷このホテルは快適ですか？そして，バンコクを観光するのに便利ですか？❸また，空港からはどのように行けばいいですか？　　　　　　　　　　（マイケル）

- -

　回答
❶はい，私はタイに行くといつもセントラルホテルに宿泊します。❷観光にとても便利です。❸ホテルから有名な観光地まで簡単に行けます。❹また，ホテルの従業員も非常に親切です。❺滞在中，快適に感じるでしょう！（行き方の情報についてはここをクリックしてください。）

分析編

解答・解説編

共通テスト・第1日程

予想問題・第1回

予想問題・第2回

予想問題・第3回

❻そこに行くまでの私自身の体験をお話しさせてください。

❼初めて訪れたとき，ARLとBTSを利用しました。❽チョンタイ駅とパヤー駅で2回，電車を乗り換えました。❾サイアムノンシー駅に到着後，5分以内でホテルに到着することになっていましたが，道に迷ってしまいました。❿不安になりましたが，親切な人が私に道を教えてくれました。

⓫2回目は空港からモニュメント駅までミニバスに乗りました。⓬約30分かかりました。⓭その後タクシーに乗り，初めて訪れたときよりも速くホテルに行くことができました。⓮モニュメント駅からは約15分かかりました。⓯私の友人の1人は，午後6時頃ミニバスでいつもの2倍以上時間がかかったと言っていました。⓰その時間帯は道路がとても混んでいることに注意しましょう。

⓱滞在を楽しんでください！

(バリー)

セントラルホテルへの行き方

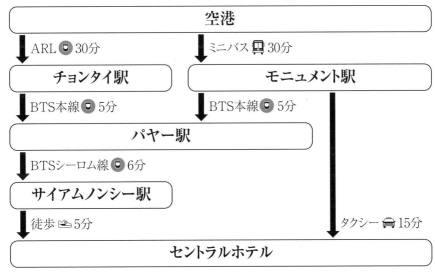

イントロダクション

　「日本文化に関する体験」についての学校のニュースレター（学校新聞）が示され，それについての理解を問う問題。

語句・文法

第2パラグラフ

❸▶ announcement「アナウンス，構内放送」

❺▶ inconvenience「不便，迷惑」

❻▶ a big deal「たいしたこと」

❼▶ wonder why S V ...「なぜ…なのかと思う」

❼▶ apologise「謝る」＊イギリス英語。アメリカ英語では apologize とつづる。

第3パラグラフ

❻▶ in a hurry「急いで」

❼▶ irritated「イライラして」

第4パラグラフ

❷▶ ground floor「1階」＊イギリス英語。アメリカ英語では first floor。

❻▶ bothered「うんざりして」

設問解説

問1 【出来事を時系列に沿って整理する】

18 〜 21 　正解：④→②→①→③　標準　思

> 　以下の出来事（①〜④）を起こった順番に並べなさい。 18 → 19
> → 20 → 21
> ①「クラーラは靴を買った。」
> ②「クラーラは地下鉄に乗った。」
> ③「クラーラはイタリアンの昼食を食べた。」
> ④「クラーラはノゾミと会う計画を立てた。」

　まず，第2パラグラフ❷より，クラーラが地下鉄に乗ったこと（選択肢②）がわかる。また，第3パラグラフ❶より，靴を買ったこと（選択肢①），同❶，❷より，靴を買った後にイタリアンレストランでピザとパスタを食べたこと（選択肢③）がわかる。次に，第4パラグラフ❶より，昼食を食べた後にノゾミと会っていることがわかるが，同❷より，ノゾミと会う計画を立てた（選択肢④）のは実際にノゾミと会った日の1週間前のことであるとわかる。これを時系列に整理した，④→②→①→③が正解。

問2 【日本人の特性についての情報を読み取る】　22　正解：①　やや易

　　　クラーラのメッセージから，あなたは日本人が　22　ようだとわかる。
① 「他人への思いやりを示すために謝る」
② 「他人に感謝の気持ちを伝えることに関心を持っている」
③ 「他人の手助けをするくらい親切である」
④ 「自分の文化について多くのことを知っている」

　第4パラグラフ 8 より，①が正解。本文の showing kindness to others
「他人に対して親切さを示す」が，選択肢では to show consideration for
others「他人への思いやりを示す」と言い換えられている。

問3 【今後とるべき具体的な行動を考える】　23　正解：②　やや易　

　　　クラーラのメッセージを読んだ後，あなたは自分の体験を共有することに決
めた。最初に何をすべきか。　23
① 「ノゾミにもっと話をしてくれるよう頼む。」
② 「インターネット上でクラーラと連絡を取る。」
③ 「授業で発表をする。」
④ 「学校でニュースレターを発行する。」

　第5パラグラフ 4 If you could send me an email, I'll tell other students
about your experience!「私にeメールを送ってくれたら，他の生徒たち
に皆さんの体験を伝えます！」より，メッセージを読んで自分の体験を共
有したいと思った人がまずやるべきことは，eメールを送ることだとわか
る。②が正解。本文の send me an email「私にeメールを送る」が，選択
肢では Get in touch with Clara online「インターネット上でクラーラと連
絡を取る」と言い換えられている。

導入　あなたのクラスメートが，イギリスからの交換留学生によって学校のニュースレターに書かれた以下のメッセージをあなたに見せた。

あなたの体験談募集！

第1パラグラフ　❶皆さん，こんにちは。❷イギリスから来た交換留学生のクラーラ・フィッシャーです。❸今日は皆さんに私の日本での体験をお話ししたいと思います。

第2パラグラフ　❶ある日，私は新宿に買い物に行きました。❷地下鉄で行ったのです。❸待っていると，私はあるアナウンスを聞きました。❹それは，次のように言っていました。「電車は2，3分遅れて運行しています。❺ご迷惑をお掛けして申し訳ございません」❻私はそんなにたいしたことではないと思いました。❼どうして必要がないのに謝るのだろうと思いました。

第3パラグラフ　❶私はデパートで靴を買った後，イタリアンレストランに行きました。❷私はピザとパスタを注文しました。❸まもなく，ウェイターが私のテーブルまでやってきました。❹彼は「お待たせして申し訳ございません」と言いました。これは，私を待たせたことについて申し訳なく思っているという意味です。❺少しも待っていないのに奇妙だと私は思いました！❻私がそんなに急いでいるように見えたのでしょうか。❼少しイライラしました。

第4パラグラフ　❶昼食を食べ終わると，私は日本人の友人の1人であるノゾミに会いました。❷私たちは1週間前にデパートの1階で会う計画を立てていたのです。❸私は彼女に会うのをとても楽しみにしていました。❹私が彼女を待っていると，彼女は「待たせてごめんね！」と言いながらやってきたのです。❺またです！❻しかし今回は嫌な思いはしませんでした。私たちは友達だからです。❼そのかわりに，彼女にどうして謝ったのかを尋ねました。❽彼女は私に，それは日本で他人に対して親切さを示す丁寧な方法だということを教えてくれました。❾私は驚きました。❿日本文化について多くのことを学んだと私は感じました。

第5パラグラフ　❶これが私の日本での体験です。❷私は日本文化についてもっと多くのことを知りたいと思っています。❸そこで，日本文化についての皆さんの体験を教えてください。❹私にeメールを送ってくれたら，他の生徒たちに皆さんの体験を伝えます！❺連絡を楽しみにしています！

クラス　3B
クラーラ・フィッシャー　（claraf@fuji-h.ed.jp）

クラーラ・フィッシャー

| 第4問 | メールや表・グラフを読み取り，書き手の意図を把握して必要な情報を得る力を問う問題 |

メールのやり取り，表，グラフから総合的に考える問題 標準

イントロダクション

「姉妹校の生徒をもてなすスケジュール」について，メールのやり取り，時刻表，混雑度を表すグラフが示され，それらについての理解を問う問題。

語句・文法

導入

▶ so that S can *do*「Sが…できるように」

ユリのメール

❶▶ come up with A「Aを思いつく」
❷▶ be supposed to *do*「…することになっている」
❷▶ attached「添付された」
❺▶ related to A「Aに関連した」
❻▶ option「選択肢」
❽▶ professor「教授」
❽▶ lecture「講義」
⓮▶ avoid O「Oを避ける」
⓮▶ crowd「混雑」
㉒▶ scenery「景色」
㉓▶ I'm sure (that) S V ...「きっと…だと思う」

リサのメール

❸▶ construction「工事」
❹▶ destination「目的地」
❹▶ you've chosen は destinations を修飾する形容詞節。
❻▶ just in case「念のため」
❽▶ night view「夜景」
❿▶ in time for A「Aに間に合って」
⓮▶ exhibition「展示」

設問解説

問1 【メールと時刻表から必要な情報を読み取る】

| 24 | 正解：② | 25 | 正解：⑤ | 標準 | 思 |

　姉妹校からのゲストは　24　番の電車で到着し，　25　番の電車に乗って
ホテルに戻るだろう。
① 「129」　　　② 「130」　　　③ 「131」
④ 「156」　　　⑤ 「157」　　　⑥ 「158」

　24　：**リサのメール❷**より，ゲストは午前9時37分にサクラ駅に到着
することがわかる。**時刻表**上段より，午前9時37分にサクラ駅に到着
するのは130番の電車であるとわかるため，②が正解。

　25　：**ユリのメール⓱**，**⓴とリサのメール❼～⓫**より，ゲストはアカネ
駅近くにあるメモリアル・タワーで午後6時頃から約20分間夜景を見る
こと，それでも（アカネ駅を午後6時20分前後に出発しても）サクラ駅
からタクシーで5分の所にあるホテルでの午後7時の夕食に間に合うこと
がわかる。**時刻表**下段より，上記の条件を満たすのはアカネ駅を午後6
時27分に出発してサクラ駅に午後6時42分に到着する157番の電車で
あるとわかるため，⑤が正解。

問2 【出来事を時系列に沿って整理する】　　26　　**正解**：②　標準　

① 「B → A → D → C」
② 「B → C → A → D」
③ 「B → D → A → C」
④ 「B → D → C → A」

　訪問に最適な時間帯を，場所ごとに検討する。

A：博物館　**ユリのメール❽とリサのメール❺**より，旅行の目的の1つで
もある日本の文化や歴史を学ぶためには，歴史学の講義を聞くことができ
る時間帯に訪問すべきであることがわかる。**ユリのメール❾**より，講義は
午前と午後の早い時間帯に行われるが，後述のように午前は寺に行くため，

80

最適な訪問時間は午後の早い時間帯である。

B：学校　本問の選択肢がすべて B から始まっていることから，学校を出発地としてスケジュール草案を完成させるべきであることがわかる。

C：寺　ユリのメール⓭，⓮より，最適な訪問時間は最も混雑していないときであること，グラフ：サクラ寺への来訪者数　より，10 時〜12 時が最も来客数が少ないことがわかる。

D：タワー　リサのメール❽より，最適な訪問時間は午後 6 時頃であることがわかる。

　これを時系列に整理すると B → C → A → D となるため，②が正解。

問 3 【昼食を食べる場所についての情報を読み取る】

　27　　**正解**：①　やや易

┌─────────────────────────────────────┐
　　ゲストは　27　で昼食を食べるだろう。
　①「博物館のカフェ」
　②「博物館の隣の公園」
　③「駅の隣の公園」
　④「寺の庭」
└─────────────────────────────────────┘

　リサのメール⓮より，博物館の建物の中にあるカフェで昼食を食べることがわかる。①が正解。③は**リサのメール⓬，⓭**に反し，誤り。

問 4 【本文の記述から直接的には述べられていない内容を推測する】

　28　　**正解**：①　やや易　思

┌─────────────────────────────────────┐
　　ゲストはその日，　28　は移動し**ない**だろう。
　①「バスで」
　②「タクシーで」
　③「電車で」
　④「徒歩で」
└─────────────────────────────────────┘

　ユリのメール❸での「バスで私たちの学校に向かうのでしょうか」という質問に対し，**リサのメール❷，❸**では「彼らは学校まで歩いて行きます」「工事のため，バスは学校まで行けません」と答えている。直接言っているわけではないものの，バスには乗らないと推測できるため，①が正解。なお，②は**リサのメール⓫**で，③と④は**リサのメール❷**で言及されているため，それぞれ誤り。

分析編

解答・解説編

共通テスト・第 1 日程

予想問題・第 1 回

予想問題・第 2 回

予想問題・第 3 回

問5 【プログラムの目的をつかみ，目的にふさわしい第3の選択肢を考える】

| 29 | 正解 ：③ | やや易 | 思 |

> 第3の選択肢として，あなたたちのプログラムに最もふさわしいのはどれか。
> 29
> ①「アカネ遊園地」
> ②「アカネ野球場」
> ③「アカネ城」
> ④「アカネショッピングモール」

　リサのメール❺より，旅行の目的の1つが日本の文化や歴史を学ぶことであるため，その目的に沿ったものを選ぶ。アカネ城では日本の歴史について学ぶ機会があると考えられるため，③が正解。

日本語訳

導入　あなたの英語の教師リサ・スウィフトが，あなたとあなたのクラスメートのユリに，姉妹校から来る生徒をもてなすための1日のスケジュールについて計画を立てるのを手伝うようお願いした。あなたは，スケジュールの草案を作ることができるように，ユリとリサの間で交わされたeメールを読んでいる。

ユリのメール

スウィフト先生

❶12月19日に行われる市内の旅行のために，いくつかのプランを考えてみました。❷私たちは午前10時に学校で会うことになっているので，添付の時刻表を見ています。❸ゲストの生徒たちは午前9時54分にサクラ駅に到着し，そこからバスで私たちの学校に向かうのでしょうか？

❹また，私たちはどこに行くかについても話し合いました。❺日本の歴史に関連した場所が良いと考えています。❻2つの選択肢があります。❼第一に，ミドリ駅の近くにある歴史博物館はどうでしょうか？❽近くにある大学の歴史学の教授が，平安時代の書物について講義をしてくれるそうです。❾講義は当日の午前と午後早い時間帯に行われます。❿また，サクラ寺にも行くべきです。⓫それは日本で最も古い建築物の1つです。⓬歴史的なお寺の周りを歩いていると，歴史を感じることができます。⓭このお寺はとても人気があるので，混雑していることが多いのですが，インターネットで添付のグラフを見つけました。⓮正しく計画を立てれば，混雑を避けられます。

⓯もし他の選択肢が必要であれば，私に教えてください。⓰また検討します。

⓱私たちはアカネ駅近くのプラム・スクエア公園で昼食をとることを提案します。⓲公園からは，ちょうど目の前に海が見えます。⓳ゲストの生徒たちもそこで食べるとうれしいでしょう！

⓴さらに，私たちはゲストの生徒たちに，プラム・スクエア公園の隣にあるメモリアル・タワーにも行ってもらいたいと考えています。㉑タワーの上から街を一望できます。㉒景色が素晴らしいですよ。㉓彼らもきっと気に入ってくれると思います。

よろしくお願いいたします。
ユリ

分析編

解答・解説編

共通テスト・第1日程

予想問題・第1回

予想問題・第2回

予想問題・第3回

リサのメール

こんにちは，ユリ

❶メールをありがとうございます！❷まず，彼らの電車は午前9時37分にサクラ駅に到着し，彼らは学校まで歩いて行きます。❸工事のため，バスは学校まで行けません。

❹あなたたちが選んだ博物館とお寺という2つの歴史的な目的地は，とても素敵だと思います。❺この旅行の目的の1つは日本の文化や歴史を学ぶことですから，ぴったりです。❻でも万が一に備えて，3つ目の目的地を計画した方がいいと思います。

❼メモリアル・タワーもいいですね。❽街の夜景が楽しめるので，午後6時頃にタワーに行きましょう。❾十分に景色を楽しむために，およそ20分はそこにいたいです。❿午後7時からのホテルでの夕食にゲストの生徒たちが間に合うようにしなければなりません。⓫ホテルはサクラ駅からタクシーで5分です。

⓬プラム・スクエア公園もいいのですが，最近は天候が変わりやすいです。⓭外で食事をするのは良い考えではないと思います。⓮展示を見る前に，博物館の建物の中にあるカフェで昼食を食べるのはどうでしょうか？

よろしくお願いします。
リサ

添付の時刻表：

電車時刻表
ミドリ―アカネ―サクラ

駅	電車番号			
	128	129	130	131
ミドリ	8:33	8:45	9:00	9:17
アカネ	8:55	9:07	9:22	9:39
サクラ	9:10	9:22	9:37	9:54

駅	電車番号			
	155	156	157	158
ミドリ	17:25	17:45	18:05	18:25
アカネ	17:47	18:07	18:27	18:47
サクラ	18:02	18:22	18:42	19:02

添付のグラフ：

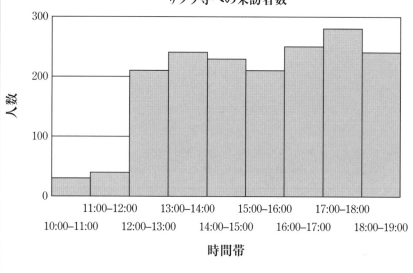

第5問　ある人と動物に関する物語の読み取りを通じて，物語の概要を把握する力を問う問題

雑誌記事を読み，出来事を時系列に整理する問題　　　　　　　標準

イントロダクション

「ワニと友情を築いた男性」についての記事を読み，その理解を問う問題。

語句・文法

導入
▶ take part in A「Aに参加する」
▶ oral presentation「口頭発表」
▶ Costa Rica「コスタリカ」＊中米の国。

第1パラグラフ
❶▶ aware that S V ...「…ということを知っている」
❶▶ crocodile「ワニ」
❸▶ surprisingly「驚くべきことに，意外にも」
❸▶ named Shedden は a fisherman を修飾する過去分詞句。
❹▶ miracle「奇跡」
❹▶ river bank「川岸」

第2パラグラフ
❷▶ rancher「牧場主」
❸▶ look after A「Aの世話をする」
❹▶ load O「Oを積む」
❹▶ with the help of A「Aの助けを借りて」
❼▶ devote O to A「OをAに捧げる，注ぎ込む」
❽▶ thanks to A「Aのおかげで」
❽▶ gradually「徐々に」
❽▶ recover from A「Aから回復する」
❿▶ reluctantly「しぶしぶ」
❿▶ release O「Oを放つ，Oを解放する」

第3パラグラフ
❷▶ to A's surprise「Aが驚いたことに」
❷▶ veranda「ベランダ」
❸▶ let O do「Oに（自由に）…させる」
❻▶ break up with A「Aと別れる」

❼▶ be willing to *do*「…するのを嫌がらない」

❾▶ over time「時を経て，やがて」

❷▶ unusual「珍しい，普通ではない」

❷▶ bond「絆」

❷▶ impress O「O に感銘を与える」

❸▶ B as well as A「A だけでなく B も」

❶▶ meanwhile「一方で」

❶▶ perform「パフォーマンスをする」

❷▶ with Pocho on it は with O C「O が C の状態で」を用いた表現で，「ポチョをそれ（トラック）に乗せて」という意味。

❸▶ artificial lake「人工池」

❹▶ side by side「並んで」

❺▶ with his mouth wide open は with O C「O が C の状態で」を用いた表現で，「口を大きく開けて」という意味。

❷▶ filmmaker「映画製作者」

❷▶ die of natural causes「自然死する」

❹▶ human-style「人間式の」

❹▶ funeral「葬式」

❹▶ mourn O「O を悼む」

❺▶ see O off / see off O「O を見送る」

❺▶ cross the rainbow bridge「虹の橋を渡る」＊ペットなどが死ぬことを意味する遠回しな表現。

❻▶ display O「O を展示する」

❼▶ make friends with A「A と友達になる」

▶設問解説◀

問1 【記事の概要をつかみ，発表にふさわしいタイトルをつける】

　30　　正解：② 標準 思

> あなたの発表に最もふさわしいタイトルはどれか。　30
> ① 「ワニは人間にとって危険ではない」
> ② 「ポチョ―チトと友達になったワニ」
> ③ 「地元のプールでのポチョの驚くべき遊泳パフォーマンス」
> ④ 「将来の世代のための環境保護」

　発表のタイトルは，発表の内容が一目でわかるものでなければならない。

文章全体で，チトとワニのポチョが出会い，仲良くなる過程が描かれていることから，②が正解。①は 第❶パラグラフ ❶に反し，誤り。③は 第❺パラグラフ の内容に限定している点が誤り。④は本文の内容とは無関係であるため，誤り。

問2 【登場者を整理する】 31 正解 ：② やや易 思

「登場者のリスト」のスライドにおける最も適切な組合せはどれか。 31
主役   脇役
① 「チト，チトの妻   ポチョ，シェデン，牧場主」
② 「チト，ポチョ   チトの妻，ホロックス，牧場主」
③ 「ポチョ，シェデン   チト，ホロックス，牧場主」
④ 「ポチョ，牧場主   チト，チトの妻，ホロックス」

　登場する人や動物が多いため，関係性を整理しながら文章全体の流れを追う。文章全体でチト，ポチョが中心となって話が進んでいるため，②が正解。なお，シェデンとチトは同一人物であることに注意が必要である。

問3 【出来事を時系列に沿って整理する】
32 ～ 35 正解 ：⑤→③→④→② 標準 思

　「有名になる前のあらすじ」のスライドを完成させるために，4つの出来事を起こった順番に選びなさい。 32 ～ 35
① 「チトとポチョが映画に登場した。」
② 「チトがポチョと泳ぐようになった。」
③ 「チトがポチョを川に帰した。」
④ 「ポチョがチトのところに戻った。」
⑤ 「ポチョがひどい状態から回復した。」

　あなたの発表スライド 「有名になる前のあらすじ」より，ポチョが死にかかっていたときから，チトとポチョがショーでパフォーマンスを始めるまでの間のあらすじを読み取る必要があるとわかる。②は 第❸パラグラフ ❹で，③は 第❷パラグラフ ❿で，④は 第❸パラグラフ ❷で，⑤は 第❷パラグラフ ❽で，それぞれ述べられている。これらを出来事が起こった順番に並べた ⑤→③→④→②が正解。なお，①は 第❻パラグラフ ❶～❸で述べられているが，これはチトとポチョがショーでパフォーマンスを始めた後の話である。

分析編

解答・解説編

共通テスト・第1日程

予想問題・第1回

予想問題・第2回

予想問題・第3回

【ポチョに関する出来事を把握する】

| 36 | ・ | 37 |　正解：②・③　標準

> 「**ポチョについて**」のスライドに入れるのに最も適切な項目を2つ選びなさい。
> （順番は問わない。）| 36 | ・| 37 |
> ① 「ショーの間に観客を食べそうになった」
> ② 「コスタリカの外でも人気になった」
> ③ 「パフォーマンス中にチトにキスをした」
> ④ 「毎日ショーでチトと一緒に泳いだ」
> ⑤ 「チトを背中に乗せて泳いだ」

　まず，**第4パラグラフ ❸**より，②が正解。また，**第5パラグラフ ❻**より，③も正解。④は**第5パラグラフ ❷**Every Sunday「毎週日曜日」に反し，誤り。①，⑤は本文に記述がないため，誤り。

問5 【ポチョの死についての情報を読み取る】　| 38 |　正解：②　やや易

> 「**ポチョの死**」のスライドを最も適切な項目を用いて完成させなさい。
> | 38 |
> ① 「チトはとてもお金持ちになった」
> ② 「チトは一緒に暮らす別のワニを見つけた」
> ③ 「チトはポチョのお気に入りの歌を歌った」
> ④ 「ポチョは近くの川に放された」

　第7パラグラフ ❼，**❽**より，②が正解。③は**第7パラグラフ ❸**に記述があるが，ポチョのお気に入りの歌とは述べていないため，誤り。①，④は本文に記述がないため，誤り。

▶日本語訳

導入　国際的な雑誌の記事を使い，あなたは英語口頭発表コンテストに参加しようとしている。話の準備をするため，以下のコスタリカの記事を読みなさい。

> **第1パラグラフ**　❶ワニが危険な動物であることは，多くの人が知っている。❷毎年，1,000人以上の人がワニに殺されている。❸しかし，驚くべきことに，1匹のワニがシェデン（チト）という名の漁師と深い友情を築いた。❹奇跡の始まりは，コスタリカのある川岸だった。
> **第2パラグラフ**　❶ある日，チトがコスタリカにあるパリスミナ川の土手で釣りをしているとき，体長5メートルのワニが水の中で死にかかっているのを見

つけた。❷そのワニはある牧場主によって左目を撃たれていたが，その牧場主が撃ったのは自分の牛を守るためだった。❸チトはこのワニをかわいそうに思ったため，その世話をすることにした。❹彼は数人の友人の助けを借りてワニをボートに乗せ，家に連れて帰った。❺彼はそのワニに鶏肉や魚を食べさせ，薬を与えた。❻彼はそのワニをポチョと名づけ，時にはそばで寝たりした。❼彼はポチョを元気にするために全力を尽くした。❽彼の努力のおかげでポチョはケガから徐々に回復し，しばらくすると元気になった。❾ポチョが回復したのでチトはとてもうれしかったが，ポチョに別れを告げなければならないことをわかっていた。❿彼は仕方なく，ポチョを近くの川に連れて行って放した。

第3パラグラフ ❶ポチョを川に放した後，チトは家に戻った。❷驚いたことに，翌朝，家のベランダにポチョが寝そべっているのを発見した。❸チトはポチョが自分のそばにいたいと思っているのではないかと考え，ポチョを自分と一緒に生活させることにした。❹彼はポチョと毎晩のように家の前の川で泳いだりして一緒に遊んだ。❺彼は「僕は彼と一緒に泳ぐと心が安らぐんだ」と言った。❻残念ながら，ポチョと一緒にいる時間があまりに長かったため，1番目の妻とは別れてしまった。❼しかし，2番目の妻と娘はそのワニと一緒に暮らすことを嫌がらなかった。❽妻は「ポチョは私の息子のようなものです」と言った。❾チトとポチョは時間が経つにつれて仲良くなった。❿チトが名前を呼ぶと，ポチョは彼のところにやってきた。

第4パラグラフ ❶2000年には，コスタリカのテレビ局が両者の様子を撮影した。❷人とワニの珍しい絆は多くの人に感銘を与えた。❸こうして，チトとポチョはコスタリカだけでなくアメリカやイギリスでも人気になった。

第5パラグラフ ❶一方で，チトはポチョと一緒に水の中でパフォーマンスをするようになった。❷毎週日曜日になると，チトはポチョを乗せた小型トラックを運転して街に繰り出した。❸100平方メートルの人工池で，大勢の観客に囲まれて両者は泳いだ。❹ポチョがチトと並んで泳ぐと，観客は大喜びした。❺最も盛り上がるのは，ポチョが口を大きく開けてチトに向かって泳いで行ったときだった。❻チトを食べてしまいそうなほど近くまで来ると，ポチョは静かに口を閉じてチトにキスをした。❼観客の一人は「信じられない！こんなの見たことないよ。自分ならあんなことはしないよ」と言った。❽両者は非常にうまくパフォーマンスを行い，ますます人気が高まった。

第6パラグラフ ❶2010年，チトとポチョにとって重要なことが起こった。❷南アフリカの映画製作者ホロックスが『ワニと泳ぐ男』という映画を作ったのだ。❸映画の中で，ホロックスはチトとポチョに密着し，両者の関係が異常にうまくいった奇跡について報告している。❹ホロックスの映画によって，両者は世界中でさらに人気になった。

第7パラグラフ ❶しかし，良いことは長くは続かない。❷2011年のある日，ポチョは自然死してしまった。❸チトはとても悲しみ，彼のために歌を歌った。❹また，ポチョを悼み，人間式の葬儀を行った。❺たくさんの人が式に参列し，ポチョが虹の橋を渡るのを見送った。❻ポチョは現在，コスタリカの博物館に展

分析編

解答・解説編

共通テスト・第1日程

予想問題・第1回

予想問題・第2回

予想問題・第3回

示されている。❼チトは今では悲しみから立ち直っている。なぜなら，ポチョⅡという名の新しいワニと友達になったからだ。❽彼は新しい友達と幸せに暮らしている。

あなたの発表スライド

| 30 |

東高校
英語発表コンテスト

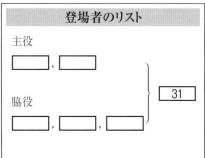

登場者のリスト

主役

| | , | |

脇役

| | , | | , | |

| 31 |

有名になる前のあらすじ

ポチョは死にかかっていた。

| 32 |

| 33 |

| 34 |

| 35 |

チトとポチョはショーで
パフォーマンスを始めた。

ポチョについて

ポチョは：

・トラックでショーに出かけた。

・人工池でチトと一緒に泳いだ。

・大勢の観客に囲まれた。

・ | 36 | 。

・ | 37 | 。

ポチョの死

ポチョが死んだ後，

・たくさんの人が葬儀に参列した。

・彼は博物館に展示された。

・ | 38 | 。

記事の概要・要点や論理展開を把握する力，情報を整理する力，要約する力を問う問題

分析編

解答・解説編

共通テスト・第1日程

予想問題・第1回

予想問題・第2回

予想問題・第3回

[A] 社会的な話題の記事を読み，ポスターを完成させる問題 やや難

▶イントロダクション

「食品ロスと食品廃棄」についての記事が示され，それについての理解を問う問題。ポスターの空所を補充して完成させる形式である。

▶語句・文法

第1パラグラフ

❶▶ billion「10億」

❸▶ hunger「飢餓」

❹▶ Why is it that S V ... ?「…なのはいったいなぜだろうか」

❻▶ throw O away / throw away O「O を捨てる」

第2パラグラフ

❶▶ lead to A「A につながる」

❷▶ needed to harvest all the crops they've grown は skills を修飾する過去分詞句。

❷▶ they've grown は crops を修飾する形容詞節。

❸▶ gather O「O を集める」

❹▶ discard O「O を捨てる」

❹▶ a large amount of A「大量の A」

第3パラグラフ

❷▶ with the help of A「A の助けを借りて」

❸▶ quality standard「品質基準」

❸▶ by which they judge whether the food is sent to the market は a quality standard を先行詞とする関係代名詞節。

❹▶ live up to A「A（期待・基準など）に沿う」

❺▶ relatively「相対的に，比較的」

❻▶ readily「すぐに，容易に」

❻▶ that they can't eat は food を先行詞とする関係代名詞節。

第4パラグラフ

❶▶ solution to A「A に対する解決策」

❷▶ as shown above「上で示したように」

❸▶ it は to introduce 以下を真主語とする形式主語。

❹▶ which enable farmers to gather more crops は machines を先行詞とする関係代名詞節。

❺▶ refrigerator「冷蔵庫」

⑤▶ which make it possible to store the harvested crops は，refrigerators を補足説明する関係代名詞節。

⑤▶ it は to store the harvested crops を真目的語とする形式目的語。

⑥▶ make efforts to *do*「…する努力をする」

⑦▶ which would contribute to some people buying it は主節の内容を補足説明する関係代名詞節。

第**⑤**パラグラフ

❷▶ ban O from *doing*「O が…することを禁止する」

❸▶ which wastes about 30 million tons of food every year は Japan を補足説明する関係代名詞節。

❹▶ It は that 以下を真主語とする形式主語。

第**⑥**パラグラフ

❶▶ on the part of A「A の側で」

❷▶ be aware of A「A について認識している，知っている」

❸▶ be concerned about A「A について心配している」

❹▶ food bank「フードバンク」＊不要な食料を集め，必要なところに回す組織。

❺▶ household「家庭」

❺▶ who want it は those を先行詞とする関係代名詞節。

❼▶ into which people put food they couldn't eat at a restaurant は one を先行詞とする関係代名詞節。one は a bag のこと。

❼▶ they couldn't eat at a restaurant は food を修飾する形容詞節。

❽▶ leftover「残り物」

❽▶ resulting in reduced food loss は，主節の内容を補足説明する分詞句。

第**⑦**パラグラフ

❶▶ count O as A「O を A として数える」

❷▶ accomplish O「O を達成する」

❸▶ we should remember は one thing を修飾する形容詞節。

❸▶ play a ... part in *doing*「～するのに…な役割を果たす」

▶設問解説

問 1 【途上国の食料問題の原因を読み取る】 39 正 解：④ 標準

> あなたのポスターの 39 に入れるのに最も適切な選択肢を選びなさい。
> ①「農薬」
> ②「収穫用の機械」
> ③「収穫計画」
> ④「保存用の設備」

第**❷**パラグラフ **❸**より，④が正解。①，②，③は本文に記述がないため，誤り。

問2 【先進国の食料問題の原因を読み取る】　　40　　**正解** : ②　標準

> あなたのポスターの　40　に入れるのに最も適切な選択肢を選びなさい。
> ①「食品消費」
> ②「食料生産」
> ③「食品包装」
> ④「味の試験」

　第3パラグラフ **②**，**③**より，②が正解。本文の more food is produced than necessary「必要以上の食料を生産している」が，ポスターでは Excessive food production「過剰な食料生産」と言い換えられている。①，③，④は本文に記述がないため，誤り。

問3 【食料問題の解決策を読み取る】　　41　　**正解** : ③　やや難

> あなたのポスターの　41　に入れるのに最も適切な選択肢を選びなさい。
> ①「食品会社にお金を寄付する」
> ②「食品を廃棄する顧客に罰金を科す」
> ③「より低い品質の食品を市場に売る」
> ④「食品を製造するために効率的な機械を使う」

　第4パラグラフ **⑥**より，③が正解。①，②，④は本文に記述がないため，誤り。

問4 【食料問題の解決策を要約する】　　42　　**正解** : ①　やや易

> あなたのポスターの　42　に入れるのに最も適切な選択肢を選びなさい。
> ①「積極的に役割を果たす」
> ②「定期的に食品についての議論をする」
> ③「発展途上国の設備を改良する」
> ④「品質基準をより厳格にする」

　第6パラグラフ **①**，**②**および **第7パラグラフ** **②**，**③**より，政府や企業，組織だけでなく個人の積極的関与が問題解決において重要であることが書かれているため，①が正解。②，③，④は本文に記述がないため，誤り。

導入　あなたは世界の食料問題に関するクラスのプロジェクトに取り組んでおり，以下の記事を見つけた。あなたはそれを読み，調査結果をクラスメートに向けて発表するため，ポスターを作っている。

食品ロスと食品廃棄の削減

第❶パラグラフ　❶世界では，毎年40億トン以上の食料が生産されている。❷この量は地球上のすべての人々に供給するのに十分な量だ。❸しかし現在，世界人口の8分の1にあたる約10億の人々が，世界中で飢えに苦しんでいる。❹なぜ，これほど多くの人に十分な食べ物がないのだろうか。❺その答えは食品ロスと食品廃棄だ。❻先進国および発展途上国で，毎年13億トン以上の食料が捨てられている。

第❷パラグラフ　❶発展途上国では，作物の収穫時や保管時の状態が悪いために，食品ロスが発生している。❷収穫の際，農家の人たちは自分たちが育てた作物をすべて収穫するために必要な技術を持っていない。❸また，収穫後それらを適切に保管するための設備もない。❹その結果，大量の食料を廃棄しなければならない。

第❸パラグラフ　❶先進国はさらに深刻な問題を抱えている。❷その1つは，科学技術の助けを借りて必要以上の食料を生産していることだ。❸というのも，ほとんどの国では食品を市場に出すべきかどうかを判断するための品質基準が設けられているからだ。❹もし基準に満たない食品があれば，それは捨てられてしまう。❺もう1つの問題は，先進国の顧客は比較的裕福なために実際に必要とする以上に食品を購入する傾向があることだ。❻彼らはまた，食べられないものをすぐに捨ててしまう。

第❹パラグラフ　❶何が食品ロスや食品廃棄の問題に対する最善の解決策だろうか。❷上で述べたように，発展途上国では問題は収穫や保存の状態が悪いことにある。❸したがって，より良い収穫技術を導入すれば良いだろう。❹例えば，農家がより多くの作物を集められるような機械があれば役に立つだろう。❺また，収穫した作物を保存できるようにする冷蔵庫も重要だろう。❻一方で先進国では，食品生産者は品質基準を満たさない食品を販売する努力をしなければならない。❼彼らはそのような食品をより安い価格で販売することができ，その結果，それを買う人も出てくるだろう。

第❺パラグラフ　❶多くの先進国では，すでにこの問題の解決に向けて動き出している。❷2016年，フランスはスーパーマーケットが売れ残りの食品を捨てることを禁止し，代わりにフードシェアリング団体に送ることを強制する最初の国となった。❸毎年約3,000万トンの食料を廃棄している日本は，2019年に食品ロスや食品廃棄の削減を推進する法律を作った。❹これらの政策がうまく機能して，食品ロスや食品廃棄が減ることが期待されている。

第❻パラグラフ　❶しかし，政府側の努力だけでは十分ではない。❷私たち一人一人も問題を認識し，日々の生活の中で何かをしなければならない。❸今で

は多くの人がこの問題について心配をし，自分の家で食品ロスを減らそうとしている。❹例えば，最近では，食べきれない食品をフードバンクに寄付する人が増えている。❺フードバンクとは，家庭から出た不要な食品を回収し，それを望む人に提供する団体のことだ。❻また，自分の「ドギーバッグ」を持っている人も増えた。❼「ドギーバッグ」とは，フランスでは「グルメバッグ」とも呼ばれる，レストランで食べきれなかった食べ物を入れる袋のことだ。❽「ドギーバッグ」を使えば，家で残り物を食べることができるので，結果として食品ロスを減らすことができる。

第7パラグラフ ❶食品ロスと食品廃棄の削減は，今では国連が推進しているSDGs（持続可能な開発目標）の一つに数えられている。❷この目標は，政府や企業，その他の組織の努力によって達成されるものだ。❸しかし，私たちが覚えておかなければならないのは，私たち消費者も同じように目標達成において重要な役割を担っているということだ。

食料問題への取り組み

何が問題なのか？

・毎年40億トン以上の食料が生産される。

 しかし

・世界中で約10億人が飢餓に苦しむ。

主要な問題：食品ロスと食品廃棄

現状

毎年13億トン以上の食料が廃棄される。

原因	
発展途上国	**先進国**
・収穫技術の不足	・厳しい品質基準
→育てたすべての作物を収穫できない	→過剰な 40
・ 39 の不足	・裕福であること
→腐ってしまうものもある	→買いすぎてしまう

解決策

・食料の収穫と保存のための機械を導入する

・ 41

・食品ロスと食品廃棄を規制する法律を作る

・フードバンクや残り物用の袋を使う

まとめ

食品ロスと食品廃棄を減らすためには，政府や企業，組織だけでなく，個人も 42 べきだ。

分析編

解答・解説編

共通テスト・第1日程

予想問題・第1回

予想問題・第2回

予想問題・第3回

イントロダクション

「カフェイン」についての文章を読み，それについての理解を問う問題。

語句・文法

導入

▶ caffeine「カフェイン」

第❶パラグラフ

❶▶ consume O「O を消費する，摂取する」

❷▶ contain O「O を含む」

❷▶ chemical substance「化学物質」

❹▶ chocolate bar「板チョコ」

❹▶ drip coffee「ドリップコーヒー」

❺▶ espresso coffee「エスプレッソコーヒー」

❺▶ X times as ... as ～「～の X 倍…」

❻▶ Paraguay tea「マテ茶」

❼▶ extract O「O を抽出する」

❼▶ chemist「化学者」

❽▶ innovation「革新」

❽▶ has made it possible to add caffeine to a variety of foods and drinks は make O C「O を C にする」を用いた表現で，it は to add caffeine to a variety of foods and drinks を真目的語とする形式目的語。

❽▶ add A to B「A を B に加える，添加する」

第❷パラグラフ

❶▶ have ... effects on A「A に…な影響を与える，効果をもたらす」

❷▶ fatigue「疲労」

❸▶ that's why S V ...「したがって…」

❹▶ sleepiness「眠気」

❹▶ which enables you to sit up late at night は，主節を補足説明する関係代名詞節。

❹▶ enable O to *do*「O が…することを可能にする」

❹▶ sit up late at night「夜ふかしをする」

❻▶ furthermore「さらに」

❻▶ it は that 以下を真主語とする形式主語。

❻▶ have something to do with A「A と関係がある」

❼▶ supplement「サプリメント，補助食品」

❼▶ energy drink「エナジードリンク」

❼▶ to which a lot of caffeine has been added は some supplements and "energy drinks" を補足説明する関係代名詞節。

❾▶ get into the habit of *doing*「…する習慣を身につける」

分析編

解答・解説編

共通テスト・第1日程

予想問題・第1回

予想問題・第2回

予想問題・第3回

❾▶ go about A「Aに取り掛かる」

第❸パラグラフ

❶▶ dark side「マイナスの側面」

❷▶ take O in / take in O「Oを取り込む，摂取する」

❷▶ severe headache「ひどい頭痛」

❸▶ lead to A「Aにつながる」

❸▶ sleep disorder「睡眠障害」

❻▶ have difficulty *doing*「…するのに苦労する」

❼▶ what's worse「さらに悪いことに」

❼▶ result in A「結果としてAを生じる」

❼▶ caffeine poisoning「カフェイン中毒」

❽▶ that contain caffeine は many common foods and drinks を先行詞とする関係代名詞節。

第❹パラグラフ

❶▶ lead O to *do*「Oに…させる」

❶▶ take measures「手段をとる」

❶▶ exposure to A「Aにさらされること，Aを摂取すること」

❷▶ call for A to *do*「Aに…するよう求める」

❷▶ pay attention to A「Aに注意を払う」

❷▶ intake「摂取量」

❸▶ risk evaluation「リスク評価」

❸▶ state that S V ...「…ということを述べる」

❹▶ pregnant「妊娠している」

❹▶ refrain from *doing*「…することを控える」

第❺パラグラフ

❷▶ that contain caffeine は foods or drinks を先行詞とする関係代名詞節。

❸▶ you take in は caffeine を修飾する形容詞節。

❹▶ help O *do*「Oが…するのに役立つ」

❹▶ capability「能力」

❹▶ as long as S V ...「…しさえすれば，…する限り」

❹▶ be exposed to A「Aにさらされる，Aを摂取する」

❹▶ proper「適切な」

▶設問解説

問1 【科学の革新がカフェインの世界に及ぼした影響を読み取る】

| 43 | 正解：④ やや難 |

第1パラグラフ ❽ より，④が正解。①，②，③は本文に記述がないため，誤り。

問2 【複数の段落にまたがる根拠箇所を読み取り，情報を整理する】
　44　 **正解**：① 標準 思

あなたはちょうど学んだばかりの情報をまとめている。表を完成させるにはどうすべきか。　44　

カフェインの含有量	飲み物
多い	(A)
	ドリップコーヒー
	(B)
	(C)
少ない	(D)

① 「(A)エスプレッソ (B)マテ茶 (C)平均的なエナジードリンク (D)紅茶」
② 「(A)エスプレッソ (B)マテ茶 (C)紅茶 (D)平均的なエナジードリンク」
③ 「(A)マテ茶 (B)紅茶 (C)平均的なエナジードリンク (D)エスプレッソ」
④ 「(A)マテ茶 (B)紅茶 (C)エスプレッソ (D)平均的なエナジードリンク」

　まず，**第1パラグラフ ❹** より，紅茶には1リットル当たり200mgのカフェインが，ドリップコーヒーには1リットル当たり 555〜845mg のカフェインが含まれていることがわかる。また，同 ❺ より，エスプレッソにはドリップコーヒーの約3倍のカフェインが含まれていることがわかる。さらに，同 ❻ より，マテ茶には1リットル当たり約 358mg のカフェインが含まれていることがわかる。また，**第2パラグラフ ❽** より平均的なエナジードリンクのカフェイン含有量はマテ茶よりも少し少ない程度だということがわかる。カフェインの含有量が多いものから順に並べると，(A)エスプレッソ→ (B) マテ茶→ (C) 平均的なエナジードリンク→ (D)

紅茶となるため，①が正解。

問3 【カフェインについての情報を読み取る】

45 ・ 46 　 **正解**：①・④ 　標準

> あなたの読んだ記事によると，以下のうち正しいものはどれか。（2つの選択肢を選びなさい。順番は問わない。） 45 ・ 46
> ①「カフェインは頭痛を和らげることも悪化させることもある。」
> ②「カフェインによってリラックスし，ぐっすり眠れる。」
> ③「カナダではエナジードリンクにカフェインを使用することを禁止している。」
> ④「カフェインが効果をもたらすにはいくらかの時間がかかる。」
> ⑤「子どもにカフェインを摂るよう推奨する政府もある。」

　まず，**第2パラグラフ** ❻，**第3パラグラフ** ❷より，①が正解。また，**第3パラグラフ** ❹より，④が正解。②，③，⑤は本文に記述がないため，誤り。

問4 【筆者の中心的主張を把握する】 　 47 　 **正解**：① 　やや難

> 筆者の立場を表すものとして最もふさわしいものは以下のうちどれか。
> 47
> ①「筆者は人々がいつどの程度の量のカフェインを摂るかを考えるべきだとアドバイスしている。」
> ②「筆者は運動後に十分なカフェインを摂取することが望ましいと考えている。」
> ③「筆者は食べ物や飲み物におけるカフェインの使用は禁止すべきだと主張している。」
> ④「筆者は人々の能力を最大限活かすためにはカフェインを摂ることが必要だと考えている。」

　第5パラグラフ ❸，❹より，①が正解。②，③，④は本文に記述がないため，誤り。

▶日本語訳

　導入　あなたは保健の授業で栄養について勉強している。カフェインについてより多くのことを知るため，教科書にある以下の文章を読む。

> **第1パラグラフ**　❶コーヒー，紅茶，チョコレート…私たちは毎日これらを口にしている。❷これらはすべて，一般に普及している化学物質，カフェインを含んでいる。❸食べ物や飲み物によって，カフェインの含有量は異なる。❹板チョコには10〜43mgのカフェイン，1リットル当たり，ドリップコーヒーには

分析編

解答・解説編

共通テスト・第1日程

予想問題・第1回

予想問題・第2回

予想問題・第3回

555〜845mg，紅茶には 200mg のカフェインが含まれている。❺エスプレッソコーヒーには，1 リットル当たりドリップコーヒーの約 3 倍のカフェインが含まれている。❻マテ茶には 1 リットル当たり約 358mg 含まれている。❼カフェインは，19 世紀にドイツの化学者フリードリープ・フェルディナント・ルンゲによって，コーヒーから初めて抽出された。❽科学技術の革新により，様々な食品や飲料にカフェインを添加することが可能になった。❾私たちはカフェインが含まれるものを摂取しない日はない。

第❷パラグラフ　❶カフェインが広く使われているのは，私たちに良い影響を与えるからだ。❷カフェインは疲労を軽減し，筋肉の動きを良くする。❸そのため，運動前にカフェイン入りの製品を摂取すると，より効果的に運動することができる。❹加えて，カフェインには眠気を抑える効果があるので，夜ふかしをすることができる。❺夜遅くまで勉強や仕事をしながらたくさんのコーヒーを飲んだときに，この効果を実感した人もいるかもしれない。❻さらにカフェインは，ある種のがんのリスクを減らしたり，頭痛を和らげたりすることにも関係していると報告されている。❼そのため，カフェインを大量に添加したサプリメントや「エナジードリンク」が世界中で人気だ。❽平均的なエナジードリンクのカフェイン含有量は，マテ茶よりも少し少ない程度だ。❾仕事に取り掛かる前に「エナジードリンク」を飲むのが習慣になっている人もいる。

第❸パラグラフ　❶しかし，カフェインにはマイナスの側面もある。❷カフェインを摂りすぎると，激しい頭痛に襲われることがある。❸また，カフェインの摂りすぎで睡眠障害になることもある。❹カフェインは摂取してから約 20 分〜1 時間後に脳と身体に影響を与える。❺その効果は約 16 時間から 20 時間続く。❻夜にカフェインを摂ると，寝つきが悪くなるかもしれない。❼さらに悪いことに，カフェインを摂りすぎるとカフェイン中毒になる可能性もある。❽カフェインを含む一般的な食べ物や飲み物はたくさんあるので，知らないうちにカフェイン中毒になってしまうことがある。❾死に至ることさえあるのだ。

第❹パラグラフ　❶このようなカフェインの危険な側面から，各国政府はカフェインの摂りすぎを防ぐための対策を講じている。❷カナダ政府は，国民にカフェインの摂取量に注意するよう呼びかけ，2003 年の調査をもとに推奨量を発表した。❸2015 年，同政府はエナジードリンクのリスク評価を発表し，子どもがカフェインを摂りすぎないようにすべきだということを明記している。❹また国連は，妊娠中の女性はお腹の赤ちゃんに害を与える可能性があるため，カフェインの摂取を控えるべきだと警告している。

第❺パラグラフ　❶カフェインには良い点と悪い点がある。❷そのため，カフェインを含む食品や飲料を摂取する場合，注意してもしすぎることはない。❸最も重要なのは，カフェインを摂取するタイミングと量だ。❹適切なタイミングで適切な量のカフェインを摂取しさえすれば，能力の向上に役立つだろう。

予想問題・第2回　解答

問題番号（配点）	設問		解答番号	正解	配点	問題番号（配点）	設問		解答番号	正解	配点
第1問（10）	A	1	1	3	2	第4問（16）		1	24	2	3
		2	2	4	2			2	25	4	3
	B	1	3	2	2			3	26	3	3
		2	4	4	2			4	27	2	2
		3	5	1	2				28	4	2
第2問（20）	A	1	6	3	2			5	29	2	3
		2	7	1	2	第5問（15）		1	30	1	3
		3	8	2	2			2	31-32	1-3	3*
		4	9	4	2			3	33	3	3*
		5	10	2	2				34	4	
	B	1	11	2	2				35	1	
		2	12	1	2				36	2	
		3	13	1	2			4	37	2	3
		4	14	4	2			5	38	3	3
		5	15	3	2	第6問（24）	A	1	39	3	3
第3問（15）	A	1	16	3	3			2	40	1	3
		2	17	3	3			3	41	1	3
	B	1	18	3	3*			4	42	4	3
			19	1			B	1	43	4	3
			20	2				2	44	4	3
			21	4				3	45	2	3
		2	22	4	3			4	46-47	1-5	3*
		3	23	4	3						

（注）
1 *は，全部正解の場合のみ点を与える。
2 －（ハイフン）でつながれた正解は，順序を問わない。

A 〔携帯メッセージのやり取りを読んで意図を把握する問題〕　

▶イントロダクション

　携帯メッセージのやり取りが示され，それについての理解を問う問題。

▶語句・文法

- ❸▶ deadline「提出期限，締め切り」
- ❹▶ help O with A「O の A を手伝う」
- ❼▶ part-time job「アルバイト」
- ❾▶ in exchange「代わりに」
- ❿▶ be terrible at A「A がとても苦手だ」
- ⓮▶ be looking forward to A「A を楽しみにしている」
- ⓰▶ remember to *do*「忘れずに…する」

▶設問解説

問1 【ショーンの質問の内容を把握する】　　1　　**正解**：③　

> 　ショーンはあなたに　1　を尋ねている。
> ①「彼が歴史の教科書を持っていく必要があるかどうか」
> ②「週末にあなたが暇かどうか」
> ③「彼のレポートをあなたが手伝ってくれるかどうか」
> ④「数学のレポートの提出期限がいつか」

　❹より，③が正解。本文中に出てくるキーワードを用いた誤りの選択肢に注意する。

問2 【メッセージのやり取りの流れを追う】　　2　　**正解**：④　

> 　あなたはショーンが次の金曜日に　2　ことを期待している。
> ①「彼の数学の教科書を持ってくる」
> ②「あなたのアルバイトを手伝ってくれる」
> ③「歴史のレポートの書き方をあなたに教えてくれる」
> ④「数学の問題の解き方をあなたに教えてくれる」

❾より，④が正解。本文中に出てくるキーワードを用いた誤りの選択肢に注意する。

日本語訳

導入 あなたのクラスメートであるショーンが，あなたの携帯電話にメッセージを送り，いくつか質問をした。

❶こんにちは！❷いくつか質問があるんだ。❸歴史のレポートの提出期限はいつだっけ？❹もし提出期限までに君に時間があったら，レポートを手伝ってもらえないかな？❺あと，明日の歴史の授業に持っていくのは教科書だけでいいよね？

❻やあ，次の月曜日までに提出しなければならないよ。❼週末はアルバイトがあるんだけど，その前なら手伝えるよ。❽金曜日はどうかな？❾代わりに，数学を教えてもらえる？❿数学がひどくてさ。⓫ちなみに，次の歴史の授業はノートがいるよ。

⓬ありがとう！⓭うれしい！⓮金曜日を楽しみにしてるよ。⓯そのときに数学の問題を解くのを手伝うよ。⓰数学の教科書を持ってくるのを忘れないでね。☺

イントロダクション

英語劇コンテストのチラシを見て，応募に必要な情報等を読み取る問題。

語句・文法

導入

▶ flyer「チラシ」
▶ play「演劇」
▶ apply「申し込む，応募する」

チラシ

▶ offer O₁ O₂「O₁ に O₂ を与える」
▶ take part in A「A に参加する」
▶ pass O「O を通過する」
▶ genre「ジャンル」
▶ grand prize「大賞」
▶ upload O「O をアップロードする」
▶ deadline「締め切り」
▶ scenario「シナリオ，台本」
▶ Japan Standard Time (JST)「日本標準時」

設問解説

問1 【コンテストに参加するための条件を読み取る】

3 **正解**：② やや易 思

> 第1ステージに参加するためには， 3 をアップロードしなければならない。
> ①「あなたのトークの音声記録」
> ②「あなたのコメディの筋書き」
> ③「あなたの演技の映像」
> ④「あなたのグループに関する情報」

チラシ の中の「コンテスト情報」ステージ1より，②が正解。本文の A scenario for the comedy「コメディのシナリオ」が，選択肢では a plot of your comedy「あなたのコメディの筋書き」と言い換えられている。③は第2ステージでは必要となるが，第1ステージでは必要がないため，誤り。①，④は本文に記述がないため，誤り。

問2 【チラシから必要な情報を読み取る】 4 正解 ： ④ やや易 思

> 第2ステージの結果は何日から確認できるか。 4
> ① 「9月2日」
> ② 「9月7日」
> ③ 「9月9日」
> ④ 「9月16日」

　チラシ の中の「コンテスト情報」ステージ2および **チラシ** 下部の3つ目の注釈より，ステージ2の締切日は9月9日であり，結果は締切日の1週間後にあたる9月16日から確認できることがわかる。④が正解。

問3 【決勝戦の採点基準についての情報を読み取る】
5 正解 ： ① やや易 思

> 決勝戦で高得点を取るためには，内容と 5 に最も注意を払わなければならない。
> ① 「観客の前での演技」
> ② 「観客とのやり取り」
> ③ 「審査員への返答」
> ④ 「声の大きさ」

　チラシ の中の「決勝戦採点情報」より，決勝戦で評価の配点が高いものは上から，Performance「演技」（35%）と Content「内容」（25%）であるとわかる。①が正解。本文の Performance「演技」が，選択肢では acting「演技」と言い換えられている。

導入　あなたは先生から英語劇コンテストのチラシをもらったので，応募したいと考えている。

第13回　青少年英語劇コンテスト

　青少年活動協会では，若者に学校外の活動に参加する様々な機会を提供しています。その1つが，毎年開催されている「青少年英語劇コンテスト」です。今年は，すべての演劇がコメディです。決勝戦に進みたい場合，3つのステージを通過する必要があります。

決勝戦

場所：中央ホール
日付：2022年2月22日
ジャンル：コメディ

大賞
優勝者は，人気テレビ番組
"No Laugh, No Life"で自分の
劇を披露することができます。

コンテスト情報：

ステージ	アップロードするもの	詳細	2021年締切日時
ステージ1	コメディのシナリオ	語数：1,000語以内	8月8日午後6時までにアップロード
ステージ2	あなたがコメディを演じている映像	時間：3-5分	9月9日午後6時までにアップロード
ステージ3		地方大会：優勝者が発表され決勝戦へと進みます。	開催日 11月11日

決勝戦　採点情報

内容	演技	声	審査員からの質問への回答	観客からの反応
25%	35%	15%	10%	15%

▶2～3人のグループで参加できます。

▶オンラインで資料をアップロードする必要があります。日時はすべて日本標準時（JST）です。

▶ステージ1，2の結果は，各ステージの締切日の1週間後にウェブサイトで確認できます。

詳細および応募フォームは**こちら**をご覧ください。

分析編

解答・解説編

共通テスト・第1日程

予想問題・第1回

予想問題・第2回

予想問題・第3回

 第2問 短い英文や表の要点をとらえ，事実と
意見の違いを整理する力を問う問題

A 複数の表から必要な情報を読み取る問題

イントロダクション

　クラスメートが回答した紙の本と電子書籍に関する調査結果を読み，そ
れについての理解を問う問題。

語句・文法

導入

▶ paper book「紙の本」

表：質問1

▶ purchase O「O を購入する」
▶ per A「A あたり」

表：質問2

▶ electronic reading device「電子書籍リーダー」＊電子書籍を読むための電子機器。
▶ summary「要約，まとめ」
▶ response「返答，答え」

表：質問3

▶ troublesome「面倒だ」
▶ online「オンラインで，インターネット上で」
▶ bookshelf「本棚」
▶ have difficulty *doing*「…するのに苦労する」

設問解説

問1 【表から必要な情報を読み取る】 6 **正解：**③

```
　　質問1の結果は  6  ということを示している。
　①「多くの生徒が1か月に少なくとも3冊の紙の本を買う」
　②「半数を超える生徒が1か月に1冊も紙の本を買わない」
　③「中には1か月に1冊も紙の本を買わない生徒もいる」
　④「生徒たちは1か月に合計で25冊の紙の本を買う」
```

　表：質問1 より，1か月に1冊も紙の本を買わない生徒が5人いるこ
とがわかるため，③が正解。

問2 【表から必要な情報を読み取る】 7 **正解：**①

質問2の結果は，半数を超える生徒が｜ 7 ｜ということを示している。
① 「自分の電子書籍リーダーを持たない」
② 「電子書籍リーダーを一度も使ったことがない」
③ 「自分の電子書籍リーダーを持っていて使っている」
④ 「自分の電子書籍リーダーを持っているが使っていない」

表：質問2 より，自分の電子書籍リーダーを持たない生徒が25人中13人いることがわかるため，①が正解。

問3 【事実と意見を区別する】 ｜ 8 ｜ **正解**：② 標準 思

質問3でクラスメートによって表明された**意見**は，｜ 8 ｜ということだ。
① 「電子書籍はインターネット上で売られている」
② 「電子書籍リーダーはとてもお金がかかる」
③ 「中には電子機器を使うのに慣れていない生徒もいる」
④ 「中には紙の本の感触の方を好む生徒もいる」

表：質問3 The device itself is too expensive to purchase.「機器自体が高すぎて買えない」より，②が正解。①，③，④は「事実」であり「意見」ではないため，誤り。

問4 【事実と意見を区別する】 ｜ 9 ｜ **正解**：④ 標準 思

質問3でクラスメートによって述べられた**事実**は，紙の本は｜ 9 ｜ということだ。
① 「メモをとりやすい」
② 「目に良い」
③ 「インターネット上では入手できない」
④ 「中古で売られる」

表：質問3 Paper books can be sold after being read.「紙の本は読んだ後に売ることができる」より，④が正解。①，②は「意見」であり「事実」ではないため，誤り。③は本文に記述がないため，誤り。

問5 【表から必要な情報を読み取る】 ｜ 10 ｜ **正解**：② やや易 思

あなたのクラスメートが電子書籍リーダーを使わない理由として最もよくあるものはどれか。｜ 10 ｜
① 「電子書籍にはメモをとるための余白がない。」
② 「彼らは読んだ後に電子書籍を売ることができない。」

③「彼らは家に自分の本棚がある。」
④「彼らは電子書籍をインターネット上で買うのに苦労する。」

表：質問3 より，電子書籍リーダーを使わない理由として挙げた人数が最も多い，②が正解。

日本語訳

導入 あなたはイギリスで勉強している交換留学生で，クラスメートが回答した紙の本と電子書籍に関する調査結果を読んでいる。

質問1：あなたは1か月に何冊，紙の本を購入しますか？

冊数	生徒数	月の小計
0	5	0
1	9	9
2	6	12
3	3	9
4	0	0
5	1	5
6	0	0
7	1	7
合計	25	42

質問2：あなたは自分の電子書籍リーダーを持っていますか？

答えのまとめ	生徒数	生徒の割合
持っています。	4	16.0
持っていますが，使っていません。	8	32.0
持っていません。	13	52.0
合計	25	100.0

質問3：電子書籍リーダーを使わないとしたら，その理由は何ですか？

答えのまとめ	生徒数
紙の本は読んだ後に売ることができる。	20
オンラインで電子書籍を買うのは面倒だ。	16
私は電子機器よりも紙の本の手触りが好きだ。	12
紙の中古本のほうが安い。	10
私はスクリーンを見るのは本当に目に悪いと思う。	7
私は電子機器を使うのが得意ではない。	5
機器自体が高すぎて買えない。	4
私は紙の本を本棚に置きたい。	3
私にはページにメモを書き込むのが難しい。	2
（その他の理由）	5

分析編

解答・解説編

共通テスト・第1日程

予想問題・第1回

予想問題・第2回

予想問題・第3回

B 講義の情報や元受講者の意見を把握する問題

イントロダクション

イギリスのサマープログラムの講義情報と元受講者のコメントを読み，それについての理解を問う問題。

語句・文法

講義情報

▶ office hours「オフィスアワー」＊学生からの質問や相談に応じるため，教員が研究室にいる時間帯。
▶ appointment「(会う) 約束」
▶ credit「単位」
▶ description「説明」
▶ evaluation「評価」

元受講者のコメント

❷▶ enthusiastic「熱心な」
❸▶ Chinese characters「漢字」

設問解説

問1 【講義の概要を把握する】 ☐11☐ 正解：② 易 思

┌┄┄┄┄┄┄┄┄┄┄┄┄┄┄┄┄┄┄┄┄┄┄┄┄┄┄┄┄┄┄┄┄┄┄┄┄┄┐
　　この講義では何をするか。☐11☐
① 「中国に関する様々な話題について話し合う」
② 「他人の前で中国語を話す」
③ 「夏休みに中国を訪問する」
④ 「漢字についてレポートを書く」
└┄┄┄┄┄┄┄┄┄┄┄┄┄┄┄┄┄┄┄┄┄┄┄┄┄┄┄┄┄┄┄┄┄┄┄┄┄┘

　講義情報 の中の「講義説明」や「目標」より，②が正解。①，③，④は本文に記述がないため，誤り。

問2 【講義の対象者を把握する】 ☐12☐ 正解：① 易 思

┌┄┄┄┄┄┄┄┄┄┄┄┄┄┄┄┄┄┄┄┄┄┄┄┄┄┄┄┄┄┄┄┄┄┄┄┄┄┐
　　この授業は，☐12☐学生を対象としている。
① 「中国語に興味がある」
② 「中国で英語を話す勉強をしなければならない」
③ 「イギリスで中華料理を食べるのが好きな」
④ 「中国のライフスタイルを知りたい」
└┄┄┄┄┄┄┄┄┄┄┄┄┄┄┄┄┄┄┄┄┄┄┄┄┄┄┄┄┄┄┄┄┄┄┄┄┄┘

分析編

解答・解説編

共通テスト・第1日程

予想問題・第1回

予想問題・第2回

予想問題・第3回

　講義情報 の中の「講義説明」などから，授業のテーマが中国語で書くことと話すことだとわかるため，①が正解。②，③，④は本文に記述がないため，誤り。

問3 【事実と意見を区別する】　　13　　**正解** ：①　やや易　思

> ウェールズ博士についての**事実**は　13　　ということだ。
> ① 「彼は学生の評価をする」
> ② 「彼は熱心な教育者である」
> ③ 「彼は基本的な中国語を親切に教えてくれる」
> ④ 「彼は中国語がとても上手である」

　講義情報 の中の「ウェールズ博士による評価」より，①が正解。②，③は「意見」であり「事実」ではないため，誤り。④は本文に記述がないため，誤り。

問4 【事実と意見を区別する】　　14　　**正解** ：④　やや易　思

> 授業について言われている**意見**は　14　　ということだ。
> ① 「授業の単位が取りやすい」
> ② 「多くの学生がこの授業を推薦している」
> ③ 「8月に9回授業が行われる」
> ④ 「学生は授業の前に勉強すべきである」

　元受講者のコメント ④ より，④が正解。本文の prepare well for every class「毎回の授業のために十分な準備をする」が，選択肢では study before class「授業の前に勉強する」と言い換えられている。②，③は「事実」であり「意見」ではないため，誤り。①は本文に記述がないため，誤り。

問5 【講義情報から必要な情報を読み取る】　　15　　**正解** ：③　やや易　思

> この講義を修了するため，あなたは何をしなければならないか。　15
> ① 「積極的に授業に参加する」
> ② 「他の学生とトピックについて中国語で議論する」
> ③ 「良いプレゼンテーションをし，良いレポートを書く」
> ④ 「オフィスアワーにウェールズ博士を訪ねる」

　講義情報 の中の「ウェールズ博士による評価」より，③が正解。

導入 イギリスのサマープログラムで受講する授業を決める必要があるため，あなたは講義情報と講義についての元受講者のコメントを読んでいる。

講義情報

基礎中国語

モーリー・ウェールズ博士
morley.wales@cat-u.ac.uk
電話：020-5525-1234
オフィスアワー：予約制

2021 年 8 月 3 日〜31 日
火曜日・金曜日
午後 2 時〜午後 3 時 30 分
全 9 回 ― 1 単位

講義説明：中国語の書き方と話し方を勉強します。この講義では，学生は中国語でレポートを書いたりプレゼンテーションをしたりする必要があります。

目標：この講義を終えると，以下のことができるようになります
－簡単な中国語で短い文章を書くことができる
－基本的な中国語でコミュニケーションがとれる
－人前で自分の意見を中国語で述べることができる

教科書：P ヤン（2019）　*基礎中国語*　北京：株式会社 ABC

ウェールズ博士による評価：合格には全体で 60％が必要
－レポートとプレゼンテーション：90％（各 45％）
－積極的参加：10％

元受講者のコメント

受講者の評価（52 人のレビュアー）★★★★☆（平均：4.35）

コメント

❶☺この授業はおすすめです。❷ウェールズ先生はとても熱心な先生で，学生に優しく接してくれます。❸中国語や漢字について知らなくても，問題ありません。❹アドバイスとしては，教科書と辞書を使って毎回の授業のために十分な準備をすることです。

第3問 平易な英語で書かれた文章の読み取りを通じて，内容を把握する力を問う問題

分析編

解答・解説編

共通テスト・第1日程

予想問題・第1回

予想問題・第2回

予想問題・第3回

A ブログとイラストから総合的に判断する問題　　　　やや易

イントロダクション

「動物園での体験」についてのブログ記事とイラストが示され，それについての理解を問う問題。

語句・文法

導入

▶ zoo「動物園」
▶ post「投稿する」

第**2**パラグラフ

❹▶ throw O at A「O を A めがけて投げる」
❽▶ decide not to *do*「…しないことに決める」
❿▶ so ... that ～「とても…なので～，～なほど…」
⓫▶ see O *doing*「O が…しているのを見る」
⓭▶ choose to *do*「…することを選択する」
⓭▶ watch O *doing*「O が…するのを見る」

設問解説

問1 【ブログとイラストから動物園での体験を読み取る】

16 **正解**：③

> 　　マリーの投稿から，あなたは 16 ということがわかる。
> ①「ゴリラがマリーめがけてバナナを投げた」
> ②「チンパンジーとフラミンゴは同じエリアにいる」
> ③「マリーは2つのエリア間を歩いた」
> ④「マリーは最初に西エリアへ行った」

　第**2**パラグラフ **❼**，**❽**より，③が正解。①は同**❹**より，バナナを投げたのはゴリラではなくチンパンジーであるため，誤り。②は同**❷**，**❸**よりチンパンジーは東エリアに，同**❻**，**⓫**およびイラストよりフラミンゴは西エリアにいるため，誤り。④は同**❷**に反し，誤り。

問2 【ブログとイラストから昼食を食べたレストランの情報を読み取る】

17 **正解**：③ やや易 思

> 午後，マリーと彼女の友人はどのレストランで昼食を食べたか。 17
> ① 「レストランA」
> ② 「レストランB」
> ③ 「レストランC」
> ④ 「レストランD」

第2パラグラフ ⑬より，シロクマの見えるレストランで昼食を食べたことがわかる。イラストより，シロクマが見えるのはレストランCであるとわかるため，③が正解。

日本語訳

導入 あなたのイギリス人の友人マリーが，新しい動物園を訪れ，自分の体験についてブログに投稿した。

サンライズ・マウンテン動物園：動物好きにぴったり
投稿者　マリー　2021年4月12日午後7時2分

- -

第1パラグラフ ❶新しい動物園が先月オープンした。❷大好きな動物であるパンダがそこにいるので，本当にこの新しい動物園を訪れたいと思っていた。❸私は春休み中に友人数人とそこに行った。

第2パラグラフ ❶動物園には2つのエリア―西と東―がある。❷私たちは東エリアからまわり始めた（地図を見てください）。❸最初にチンパンジーとゴリラを見た。❹チンパンジーが私たちめがけてバナナを投げてきたとき，私たちは興奮した！❺私たちはライオンとトラも見た。❻その後，西エリアに移動した。❼西エリアへは電車か徒歩で移動できる。❽電車の駅がとても混んでいたので，私たちは電車に乗らないことに決めた。❾西エリアで私たちはとうとう中国からやってきたパンダを見た。❿それらはとてもかわいかったので，私はたくさんその写真を撮らずにはいられなかった（写真を見てください）。⓫私たちはまた，フラミンゴが美しいポーズをとり，キリンやシマウマが草を穏やかに食べているのを見て楽しんだ。⓬その後，午後になると私たちはレストランに昼食を食べに行った。⓭私たちは太陽の下でシロクマが泳いだり寝転がったりしているのを見ることができる場所で食べることを選択した。⓮その後，私たちは別のレストランの近くにある建物に行き，カエルやヘビを見た。

第3パラグラフ ❶私たちはサンライズ・マウンテン動物園でとても楽しい時間を過ごした！❷また行きたいと思う！

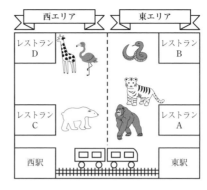

西エリア		東エリア	
レストラン D			レストラン B
レストラン C			レストラン A
西駅			東駅

Ⓑ　雑誌の記事を読み，要点を把握する問題　標準

▶イントロダクション

　「ティム・ヘンマン」についての記事を読み，その理解を問う問題。

▶語句・文法

第❶パラグラフ
- ❷▶ performance「パフォーマンス，仕事ぶり，業績」
- ❸▶ retire from A「A を退く」
- ❸▶ career「仕事，職歴」
- ❸▶ achievement「業績，達成」

第❷パラグラフ
- ❹▶ be known as A「A として知られている」
- ❺▶ great-grandmother「曾祖母」

第❸パラグラフ
- ❶▶ volley「ボレー」
- ❷▶ attract O「O を魅了する」
- ❷▶ spectator「観客」
- ❸▶ not only A but B「A だけでなく B も」
- ❸▶ stroke「ストローク，ストロークをする」
- ❺▶ keep up with A「A に遅れずについていく」
- ❺▶ trend「傾向，風潮」

第❹パラグラフ
- ❷▶ amateur「アマチュアの」
- ❷▶ semi-final match「準決勝戦」
- ❹▶ gather「集まる」
- ❺▶ who couldn't take a seat は Those を先行詞とする関係代名詞節。
- ❼▶ cheer on O / cheer O on「O に声援を送る」

❶▶ championship「決勝戦，優勝」

設問解説

問1 【出来事を時系列に沿って整理する】

18 ～ 21   **正 解**：③→①→②→④   標準   思

以下の出来事（①～④）を起こった順番に並べなさい。 18 → 19
→ 20 → 21

① 「ティムはプロの選手になった。」
② 「ティムはプレースタイルを変えた。」
③ 「ティムは初めてウィンブルドンでプレーした。」
④ 「ティムは選手として現役を退いた。」

まず， 第4パラグラフ ❷ より，ティムが初めてウィンブルドンに出場したのはアマチュアの頃であり，プロ選手になるよりも前のことであるとわかる。また， 第2パラグラフ ❼ より，1993 年にティムはプロ選手になったことがわかる。次に， 第3パラグラフ ❹，❺ より，ティムは 2000年代になってからプレースタイルを変えたことがわかる。また， 第1パラグラフ ❸ より，ティムが引退したのは 2007 年であるとわかる。これを時系列に整理した，③→①→②→④が正解。なお，本文に出来事の記述が出てくる順番と実際に出来事が起こった順番が違うため，注意が必要である。

問2 【プレースタイルの変化についての情報を読み取る】

22   **正 解**：④   やや易

ティムがストロークを練習したのは， 22 からだ。
① 「ボレーが下手になった」
② 「コーチに遅れずについていきたいと考えた」
③ 「そうするよう彼の大ファンに頼まれた」
④ 「ライバルはストロークがうまかった」

第3パラグラフ ❹，❺ より，ティムがストロークを練習し始めたのは，他のストロークがうまい選手が試合で勝つという傾向があり，その傾向に乗り遅れないようにしようと考えたためである。④が正解。①，②，③は本文に記述がないため，誤り。

問3　【記事の概要や要点を把握する】　　23　　　正解：④　標準

> この話から，あなたは　23　ということがわかる。
> ①「アンディ・マレーはウィンブルドンで一度も優勝したことがない」
> ②「『ヘンマン・ヒル』がそう呼ばれるのはティムがそこでテニスをプレーしたからだ」
> ③「ティムの祖母もまた優れたテニス選手だった」
> ④「ティムはテニスを始めたとき，おそらく家族の影響を受けただろう」

第2パラグラフ ③ より，④が正解。①は 第5パラグラフ ① に，③は 第2パラグラフ ⑤ に反し，誤り。②は本文に記述がないため，誤り。

日本語訳

導入　イギリスに住むあなたの友人が，あなたに彼のお気に入りのテニス選手について教えてくれた。もっと知りたいと思い，あなたはテニス雑誌の中に以下の記事を見つけた。

ティム・ヘンマン　イギリスの希望

第1パラグラフ　①ティム・ヘンマンはイギリスで最も人気のあるテニス選手の1人だ。②彼は世界を舞台に最も良いパフォーマンスを見せた。③彼は 2007 年にプロ選手としての仕事を退いたが，イギリスの多くの人が彼の偉大な業績を覚えている。

第2パラグラフ　①ティムは 1974 年に生まれた。②2歳でテニスを始めた。③彼がこれほど早く始めた理由は，彼の家族にあるのかもしれない。④彼の家族は「テニス一家」として知られている。⑤彼の祖父と曾祖母もまた，優れたテニス選手だった。⑥彼は一生懸命練習し，まもなく才能を開花させた。⑦彼はとうとう 1993 年にプロのテニス選手になった。

第3パラグラフ　①彼の選手としての強みはボレーにあった。②彼は頻繁にテニスコートの真ん中にあるネットの近くでプレーし，美しいボレーで観客を魅了した。③ボレーだけでなく，ストロークも印象的だった。④2000 年代になると，優れたストロークの技術を持つ選手が試合で勝ち始めた。⑤それゆえ，彼もまたその傾向に遅れずについていくため，一生懸命練習をしてストローク技術を向上させた。

第4パラグラフ　①彼はロンドンで行われるウィンブルドンにおいて一度も優勝しなかった。②彼は最初アマチュア選手としてウィンブルドンでプレーし，

プロの選手として1998年，1999年，2001年，2002年に準決勝に進出するも，勝つことができなかった。❸しかし，彼のファンらは彼のことをとても愛した。❹彼がウィンブルドンでプレーするときは，ヘンマンの大ファンがたくさん集まった。❺席を取れなかった者は1番コートの前にある大型スクリーンで彼の試合を見つめた。❻スクリーン周辺は「ヘンマン・ヒル」と呼ばれている。❼ヘンマンの大ファンたちはそこから彼に声援を送ったのだ。

第⑤パラグラフ　❶彼が引退した後，新しい選手，アンディ・マレーが彼に取って代わり，イギリス国民にとって長年の悲願であったウィンブルドン優勝という業績を2013年に実現した。❷それでも，ヘンマンはイギリスのテニスファンの間で人気である。

分析編

解答・解説編

共通テスト・第1日程

予想問題・第1回

予想問題・第2回

予想問題・第3回

第4問　メールや表・グラフを読み取り，書き手の意図を把握して必要な情報を得る力を問う問題

図とメールのやり取りを読み，発表の草稿を完成させる問題　標準

イントロダクション

「若者の意識」についての統計資料とクラスメートとのメールのやり取りが示され，それについての理解を問う問題。発表の草稿の空所を補充して完成させる形式である。

語句・文法

導入

▶ response「返答」
▶ outline「概略」

ダニエルのメール

③▶ be likely to *do*「…しがちだ」
⑤▶ percentage「割合」
⑦▶ learn to *do*「…するようになる，…することを覚える」
⑧▶ put a value on A「Aに価値を置く」
⑨▶ choose to *do*「…することを選択する」
⑩▶ the same A as B「Bと同じA」
⑪▶ opposite「反対」
⑬▶ make O *do*「Oに…させる」
⑬▶ stand out「目立つ」

オリビアのメール

③▶ think of A as B「AをBと考える」
④▶ be unlikely to *do*「…しない傾向にある」
④▶ be content with A「Aに満足している」
⑤▶ further「さらなる」
⑦▶ self-image「セルフイメージ，自分自身のイメージ」
⑧▶ analyze O「Oを分析する」
⑨▶ depending on A「Aに応じて，Aによって」
⑩▶ focusing on the difference between countries は主節の内容を補足説明する分詞句。

発表の草稿

▶ compared to A「Aと比較して」

問1 【複数の情報を総合的に判断し，発表にふさわしいタイトルを考える】

| 24 | 正解 : ② | 標準 | 思 |

```
   24  に入れるのに最適なものはどれか。
① 「価値観変化の時代」
② 「世界の若者の意識」
③ 「自分と他者の境界線」
④ 「なぜ満足感が重要か」
```

　▶発表の草稿 や後述の問2，問3より，ダニエルは「フランス人の若者が自分に比較的満足している理由」について，オリビアは「なぜ日本の若者は自分に満足しないのか」について，筆者は「国による若者の意識の違い」についてを発表のトピックとしていることがわかる。発表全体のタイトルとしては，▶データ と関連している内容であること，発表者3人の全員に共通するテーマであることが必要である。②が正解。

問2 【ダニエルのトピックについての情報を読み取る】

| 25 | 正解 : ④ | 標準 | 思 |

```
   25  に入れるのに最適なものはどれか。
① 「アメリカの若者は自分をどれだけ尊重しているか」
② 「若者の意識は今後どのように変化していくか」
③ 「日本の若者が自分は役に立たないと感じるのはなぜか」
④ 「フランスの若者が自分に比較的満足している理由」
```

　▶ダニエルのメール ❺，❻より，④が正解。

問3 【オリビアのトピックについての情報を読み取る】

| 26 | 正解 : ③ | 標準 | 思 |

```
   26  に入れるのに最適なものはどれか。
① 「日本の若者のセルフイメージの変化」
② 「国によってセルフイメージが異なる理由」
③ 「なぜ日本の若者は自分に満足しないのか」
④ 「自分に満足している7つの国の若者」
```

より，③が正解。本文の are unlikely to be content with themselves「自分に満足しない傾向にある」が，選択肢では aren't satisfied with themselves「自分に満足しない」と言い換えられている。

問4 【図から必要な情報を読み取る】

27 ・ 28 　正解： 27 ②・ 28 ④ 　やや易　思

> 　あなたはオリビアの提案を受け入れ，データを見る。 27 と 28 に入れるのに最適なものを選びなさい。
> ① 「フランス」
> ② 「日本」
> ③ 「韓国」
> ④ 「アメリカ」

 データ 「図1」より，自分に満足している各国の若者の割合は，日本「10.4％」，韓国「36.3％」，アメリカ「57.9％」，イギリス「42.0％」，ドイツ「33.0％」，フランス「42.3％」，スウェーデン「30.8％」である。5倍以上の差があるのは日本とアメリカの割合であるとわかるため， 27 は②， 28 は④が正解。

問5 【今後の研究テーマについての情報を読み取る】

29 　正解：② 　標準　思

> 　 29 に入れるものとして最適な組合せはどれか。
> A：日本以外の国で若者の満足感と役に立たないという感覚がどのように関連しているか
> B：フランスの教育方法を他の国がどのように取り入れていくべきか
> C：今後，日本の若者の価値観がどのような方向に向かうか
> D：アメリカの若者が自分に満足する割合がより高い理由
> ① 「A, B」　　② 「A, C」　　③ 「A, D」
> ④ 「B, C」　　⑤ 「B, D」　　⑥ 「C, D」

 　空所には「今後の研究テーマ」が入る。 ダニエルのメール ⑮，⑯ より C， オリビアのメール ⑦，⑧ より A が入ることがわかるため，②が正解。

導入　あなたは若者の意識に関する発表の準備をしている。あなたは2018年の若者の意識に関するデータをクラスメートのダニエルとオリビアにメールで送った。彼らの返答をもとに，発表の概略を下書きする。

データ

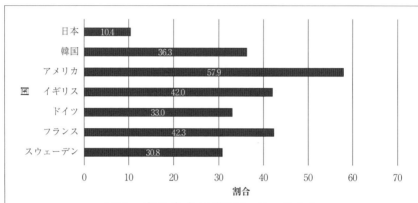

図1：自分自身に満足していますか
（内閣府による平成30年統計資料の一部を参考に作成）

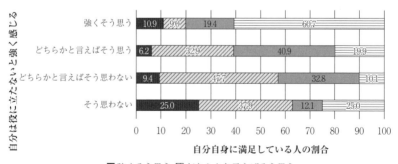

**図2：自分自身への満足感とセルフ
イメージとの関係（日本）**
（内閣府による平成30年統計資料の一部を参考に作成）

あなたのメールに対する返答：ダニエルのメール

こんにちは

❶興味深いデータをありがとう。❷若者の意識が国によって異なることはわかっていたけど，これほど多くのアメリカの若者が自分自身に満足しているとは知りませんでした。❸アメリカ人は自分を尊重する傾向がより強いと聞いたことがあります。❹それがこの理由かもしれないと私は考えています。

❺また，データによるとフランスの割合は2番目に大きいですね。❻私はこれについて話します。❼フランスでは，子どもたちは他人とは違うようになることを身につけます。❽フランス人は，個人主義に価値を置くことを子どもに教えると言われています。❾例えば，フランスの子どもたちは自分が着たいものを選んで着ます。❿他の子どもたちと同じ服を着るのは好きではありません。⓫これは日本の子どもとは逆です。⓬彼らは他の子どもたちと同じでいるように教育されています。⓭目立ってしまうので，彼らは同じような服を着る傾向にあり，自分を表現することを好まないのです。⓮日本の若者の割合が低いのは，この違いによるのかもしれません。

⓯もちろん，日本の若者の価値観は変化していますから，近い将来異なるデータが得られるでしょう。⓰これが私の今後の研究課題です。

よろしくお願いします。
ダニエル
P. S. このメッセージはオリビアにも届いています。

こんにちは

❶データを送ってくれて，ありがとうございました！❷これは私たちにとって大きな助けになります！

❸データから，自分のことを役に立たないと思う日本の若者は自分に満足していない傾向にあることがわかりました。❹日本の若者が自分に満足しない傾向にある理由は何でしょうか。❺私はこれについて発表を行いますので，さらに情報を探してみます。❻もし何か情報を見つけたら，メールを送ってください。❼ところで，他の国でもこのような自己に対する満足とセルフイメージの関連性が認められるのでしょうか？❽これらのデータ収集と分析は今後行います。

❾また，ダニエルの言うように，国によってセルフイメージに大きな違いがありますね。❿国ごとの違いに焦点を当てた発表をすることをお勧めします。⓫とても面白いと思いますよ。

ありがとうございました。
オリビア
P. S. このメッセージはダニエルにも届いています。

発表のタイトル：　　　セルフイメージ　－　　 24 　

発表者　　　　　　　トピック

ダニエル：　　　　 25 　
オリビア：　　　　 26 　
私：　　　　国による若者の意識の違い

　　　　　　比較例：

　　　　　 27 　 の若者は 　 28 　 の若者に比べて自分に満足していると感じる割合が5分の1未満で，自分を役に立たないと感じている可能性が高い。

今後の研究テーマ：　　　　　 29

分析編

解答・解説編

共通テスト・第1日程

予想問題・第1回

予想問題・第2回

予想問題・第3回

第5問　ある人物に関する物語の読み取りを通じて，物語の概要を把握する力を問う問題

文章の概要を把握し，出来事を時系列に整理する問題　　標準

イントロダクション

「エリザベス・ブラックウェルの生涯」についての文章を読み，その理解を問う問題。

語句・文法

タイトル
▶ revolutionize O「O を大きく変える」

第 1 パラグラフ
❶▶ female「女性の」
❷▶ be born to A「A に生まれる」
❷▶ run O「O を経営する，運営する」
❷▶ running a sugar factory in Bristol, UK は a wealthy family を修飾する分詞句。
❸▶ go down「（事業などが）傾く」
❸▶ force O to do「O に…することを強制する」
❺▶ what's worse「さらに悪いことに」
❺▶ pass away「亡くなる」
❻▶ make a living「生計を立てる」

第 2 パラグラフ
❶▶ at the same time「同時に」
❶▶ come to do「…するようになる」
❶▶ show interest in A「A に関心を示す」
❷▶ embarrassed「恥ずかしい思いをする」
❹▶ be determined to do「…する決意をしている」

第 3 パラグラフ
❷▶ medical college「医科大学」
❷▶ only to find herself rejected は only to do「（結果として）…する」を用いた表現で，find oneself ... は「（気づくと）…」という意味。
❷▶ reject O「O を拒絶する」
❹▶ the first A to do「…する初めての A」
❺▶ discrimination against A「A に対する差別」
❻▶ graduate from A「A を卒業する」
❻▶ with highest honors「首席で」

第 4 パラグラフ

❶▶ surgeon「外科医」

❹▶ position「地位，立場」

❹▶ do one's best「最善を尽くす」

❺▶ patience「我慢強さ」

❻▶ terrible「ひどい，おそろしい」

❼▶ infectious「感染性の」

❼▶ fluid「液体」

❽▶ lose sight「失明する」

❾▶ no longer「もはや…ない」

　第❺パラグラフ

❶▶ in the face of A「A に直面して，A にもかかわらず」

　第❻パラグラフ

❶▶ qualification「資格」

❷▶ register O「O を登録する」

❺▶ found O「O を設立する」

❽▶ turn O out / turn out O「O を輩出する」

❽▶ rapidly「急速に」

❽▶ improve O「O を改善する」

❾▶ furthermore「さらに」

❿▶ who hoped to be a doctor just like herself は women を先行詞とする関係代名詞節。

　第❼パラグラフ

❶▶ continue to *do*「…し続ける」

❷▶ public health「公衆衛生」

❸▶ translate A into B「A を B に翻訳する」

❹▶ thanks to A「A のおかげで」

❹▶ which was once not allowed は主節の内容を補足説明する関係代名詞節。

▶設問解説◀

問1　【エリザベスの生涯についての情報を読み取る】

| 30 | **正 解**：① | 標準 | 思 |

:::
　　　30　に入れる記述として最も適切なものを選びなさい。
　①「彼女は女性のための教育機関を設立した。」
　②「彼女は差別とたたかう政治家になることを望んでいた。」
　③「彼女はアメリカの複数の医学校に合格した。」
　④「彼女は生涯，自分の病院で外科医として働いた。」
:::

　第❻パラグラフ **❻**，**⓫**より，①が正解。③は **第❸パラグラフ** **❷**，**❸**に反し，誤り。②，④は本文に記述がないため，誤り。

問2 【エリザベスの初期の人生についての情報を読み取る】

| 31 | ・ | 32 | 　正 解 ：①・③　やや易　思

31 と 32 に入れる記述として最も適切なものを2つ選びなさい。（順番は問わない。）
① 「彼女の右目は病気に感染し，失明した。」
② 「彼女の入学を許可する医科大学は1つもなかった。」
③ 「彼女は医科大学で差別を受けた。」
④ 「彼女は政府によってパリへの移住を強制された。」
⑤ 「南北戦争により，彼女は医者になることができなかった。」

　　まず，　第4パラグラフ ❼，❽より，①が正解。また，　第3パラグラフ ❺より，③が正解。②は 第3パラグラフ ❸に反し，誤り。④，⑤は本文に記述がないため，誤り。

問3 【出来事を時系列に沿って整理する】

| 33 | ～ | 36 | 　正 解 ：③→④→①→②　やや難　思

以下の出来事を起こった順に並べなさい。 33 ～ 36
① 「彼女はイギリスで初めて医師として登録される女性となった。」
② 「彼女はアメリカで女性のための医学校を設立した。」
③ 「彼女は医学校を首席で卒業した。」
④ 「彼女は貧しい女性や子どものための医療機関を開設した。」

　　①は 第6パラグラフ ❷より，1859年に，②は 第6パラグラフ ❻より，1868年に，③は 第3パラグラフ ❻より，1849年に，④は 第5パラグラフ ❷より，1857年に起きた出来事であるとわかる。これを時系列に整理した，③→④→①→②が正解。

問4 【エリザベスの偉業についての情報を読み取る】

| 37 | 　正 解 ：②　標準　思

37 に入れる記述として最も適切なものを選びなさい。
① 「がん患者の治療において大きな進歩があった。」
② 「以前よりもずっと多くの女性が医師になった。」
③ 「彼女は家族の工場がうまくいくのを手伝うのに成功した。」
④ 「彼女は翻訳家として様々な医学書を翻訳した。」

問5 【文章の概要をつかみ, エリザベスを動かした事柄を読み取る】
| 38 | 正解 : ③ | 標準 | 思 |

> 38 に入れるのに最も適切な答えを選びなさい。
> ① 「女性優位の社会が正しいと信じていること」
> ② 「女性医師として裕福になりたいという願望」
> ③ 「女性医師の必要性に対する強い信念」
> ④ 「友人との強い絆」

第2パラグラフ ❹および文章全体の趣旨より, ③が正解。①, ②, ④は本文に記述がないため, 誤り。

▶日本語訳

導入　あなたは, もしまだ生きていたらインタビューしてみたいと思う人物について発表をします。あなたが選んだ人物についての次の文章を読み, メモを完成させなさい。

タイトル　医学界に多大な影響を与えたエリザベス・ブラックウェル

第1パラグラフ　❶これは, イギリス初の女性医師であるエリザベス・ブラックウェルの物語である。❷エリザベスは, イギリスのブリストルで砂糖工場を営む裕福な家庭に生まれた。❸しかし家業は次第に衰退し, ついに1832年, 彼女がまだ11歳のとき, 一家はアメリカへの移住を余儀なくされた。❹アメリカでも家業はうまくいかなかった。❺さらに悪いことに, 父親が亡くなってしまった。❻そこで, エリザベスはケンタッキー州で教師として生計を立てることに決めた。

第2パラグラフ　❶同時に, あるがん患者の女性から聞いた言葉がきっかけで, 彼女は医学に興味を持つようになった。❷その女性は, 「女性医師に診てもらえれば, 恥ずかしい思いをしなくて済んだのに」と言った。❸当時, 女性医師は存在しなかった。❹彼女は女性医師の必要性を実感し, 自らが医者になろうと決意した。❺そこで, 彼女は医師の家に住むようになり, 独学で医学書を読んで医学を学んだ。

第3パラグラフ　❶1847年, 彼女が26歳のとき, ペンシルベニア州フィラデルフィアに移り住んだ。❷彼女はいくつかの医科大学に手紙を出したが, ほぼすべての大学に断られてしまった。❸しかし幸いなことに, ある1つの医科大学, ニューヨークのジェニーヴァ医科大学が彼女を受け入れた。❹彼女は, 女性として初めて医科大学に受け入れられた。❺在学中, 彼女は差別を受けたが, 諦めなかった。❻彼女は一生懸命に勉強し, 1849年に首席で大学を卒業した。

第❹パラグラフ　❶卒業後，エリザベスはパリに行き，そこで外科医として働くことを希望した。❷しかし，彼女はパリで医師として働くことが許されなかった。❸そこではアメリカよりも女性に対する強い差別があった。❹彼女は医師の立場にはなかったが，看護師として最善を尽くした。❺その辛抱強さの甲斐あってか，彼女が医師として働くことは徐々に許された。❻しかしある日，大変なことが起こった。❼感染性の眼病にかかった赤ちゃんの目を洗っていると，赤ちゃんの目から出た液体が彼女の右目に入ってしまったのだ。❽彼女は右目が見えなくなってしまった。❾それは，彼女がもはや外科医として働くことができなくなってしまったことを意味した。

第❺パラグラフ　❶外科医になる夢は絶たれたが，彼女はここでも困難にもかかわらず諦めなかった。❷1857 年，彼女は，ニューヨークに貧しい女性と子どものための医療機関を開設した。❸また，特に女性のための医学教育に全精力を傾けることを，そのときに決意した。

第❻パラグラフ　❶1858 年には，医師の資格に関する法律が改正された。❷その結果，1859 年，彼女はようやくイギリスで医師として登録された。❸まもなく南北戦争が勃発した。❹戦時中，彼女は看護師として働き，多くの看護師たちに医療分野と医療活動について教えもした。❺戦後，彼女は女性のための医学校の設立に尽力した。❻そして 1868 年，彼女は後に近代看護学の母と呼ばれることになるフローレンス・ナイチンゲールとともに，ニューヨーク病院付属女子医学校を設立した。❼そこで彼女は，教授として予防医学を教えた。❽この医学校からは多くの女性医師が輩出され，女性医師の地位は急速に向上していった。❾さらに，彼女は女性のための医学校を設立するためにイギリスに渡った。❿自分と同じように医者になりたいと願う女性たちに，医者になる機会を提供したいと考えたのだ。⓫1874 年，彼女は他の女性医師と一緒にロンドン女子医学校を設立した。

第❼パラグラフ　❶引退後も，彼女は教育の重要性を訴え続けた。❷彼女は病気や公衆衛生，教育に関する多くの本を書いた。❸彼女の本のうち 1 冊はスペイン語に翻訳された。❹彼女の努力のおかげで，かつては許されなかった医師になるチャンスが世界中の女性に与えられた。

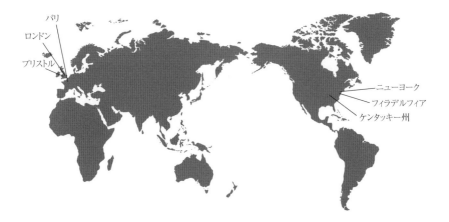

発表メモ：

エリザベス・ブラックウェル

世界初の女性医師となったエリザベス・ブラックウェル
☆ イギリスで初めて登録された女性医師となった。
☆ [30]
☆ 彼女は医学や教育に関する多くの本を書いた。

エリザベスの初期の人生
☆ 彼女は若い頃，多くの困難に直面した：
　・ 彼女の家族はイギリスでのビジネスがうまくいかなくなり，アメリカに移住した。
　・ [31]
　・ [32]

エリザベスは，困難に直面しながらも，多くの功績を残した。
☆ 彼女はアメリカの医科大学で最初の女性学生として受け入れられた。
☆ [33]
☆ [34]
☆ [35]
☆ [36]
☆ 彼女はイギリスで女性のための医学校を設立した。

彼女の偉業は医学の世界を変えた
☆ [37]
☆ 女性医師の地位が飛躍的に向上した。

何が彼女を突き動かしたと考えられるか？： [38]

分析編

解答・解説編

共通テスト・第1日程

予想問題・第1回

予想問題・第2回

予想問題・第3回

第6問　記事の概要・要点や論理展開を把握する力，情報を整理する力，要約する力を問う問題

A　雑誌の記事を読み，要点を把握する問題　　　やや難

イントロダクション

　「ボッチャ」についてのスポーツ雑誌の記事を読み，それについての理解を問う問題。

語句・文法

導入
- ▶ Sports Day「運動会」
- ▶ committee「委員会」

第 1 パラグラフ
- ② ▶ include O「O を含む」
- ③ ▶ in general「一般に」
- ③ ▶ require O「O を必要とする」
- ③ ▶ physical「身体の」
- ④ ▶ limit「制約，限界」
- ④ ▶ that can be played by people with physical disabilities は sports を先行詞とする関係代名詞節。
- ④ ▶ disability「障害」
- ⑤ ▶ aim at A「A を狙う」
- ⑤ ▶ normalization「ノーマライゼーション」＊障害者などと健常者とが一緒に助け合いながら暮らすのが社会の正常なあり方だとする考え方のこと。
- ⑥ ▶ I will introduce は The sport を修飾する形容詞節。
- ⑥ ▶ a sport 以下は boccia の補足説明であり，in which ... participate は a sport を修飾する関係代名詞節。

第 2 パラグラフ
- ① ▶ which means "ball" in Italian は Boccia を補足説明する関係代名詞節。
- ⑤ ▶ competitor「競技者」
- ⑤ ▶ take turns *doing*「交互に…する」
- ⑥ ▶ that can get closest to the target ball は The side を先行詞とする関係代名詞節。
- ⑦ ▶ curling「カーリング」
- ⑦ ▶ which is played on ice は curling を補足説明する関係代名詞節。

第 3 パラグラフ
- ① ▶ appealing「魅力的な」
- ① ▶ feature「特徴」

- ❶▶ handicap「ハンデ」
- ❷▶ cerebral palsy「脳性麻痺」
- ❷▶ who 以下は cerebral palsy patients を補足説明する関係代名詞節。
- ❷▶ limitation to A「A に対する制約」
- ❹▶ slope「坂, 勾配具」
- ❹▶ called ramps は slopes を補足説明する過去分詞句。
- ❹▶ ramp「ランプ, 傾斜」
- ❹▶ roll O「O を転がす」
- ❹▶ you want it to go は the direction を修飾する形容詞節。
- ❺▶ called a head pointer は a stick を修飾する過去分詞句。
- ❺▶ which 以下は a stick を補足説明する関係代名詞節。
- ❺▶ as long as S V ...「…しさえすれば」
- ❻▶ allow O to *do*「O が…するのを許す, 可能にする」
- ❻▶ assistant「補助者」
- ❻▶ communicate A to B「A を B に伝える」
- ❻▶ intention「意図」

第❹パラグラフ

- ❶▶ attractive「魅力的な」
- ❶▶ a wide range of A「幅広い A」
- ❶▶ physically challenged「身体に障害のある」
- ❶▶ able-bodied「健常者の」
- ❷▶ restriction「制約, 制限」
- ❷▶ which 以下は the number of players を補足説明する関係代名詞節。
- ❸▶ make a distinction「区別する」
- ❹▶ furthermore「さらに」
- ❹▶ strength「力」
- ❺▶ moreover「そのうえ」
- ❺▶ disadvantage「不利益, 不利な点」

第❺パラグラフ

- ❶▶ that 以下は sport を先行詞とする関係代名詞節。
- ❷▶ Paralympic Games「パラリンピック」
- ❹▶ popularity「人気」
- ❹▶ recognition「認知, 認知度」
- ❹▶ with O *doing*「O が…している状態で」
- ❹▶ donate O「O を寄付する」
- ❹▶ equipment「装備, 道具」
- ❺▶ throwing is believing「百聞は一投にしかず」は Seeing is believing.「百聞は一見にしかず」をもじった表現で, ボッチャは実際にプレーしてみるとその良さがわかるという意味。
- ❻▶ give O a try「O を試してみる」

分析編

解答・解説編

共通テスト・第1日程

予想問題・第1回

予想問題・第2回

予想問題・第3回

設問解説

問1 【ボッチャに関する基本的な情報を読み取る】

39　　**正解：③**　標準

> 　記事によると，　39　。
> ① 「青いボールは狙うべき目標である」
> ② 「ボッチャのコートは円形をしている」
> ③ 「ボッチャには3つの異なる色のボールが必要だ」
> ④ 「一度に3つのグループがボッチャをプレーできる」

　第2パラグラフ ❶より，③が正解。①は同❹に，②は同❸に反し，それぞれ誤り。④は本文に記述がないため，誤り。

問2 【筆者が勾配具と棒に言及した理由を読み取る】

40　　**正解：①**　やや難

> 　この記事の著者はおそらく，ボッチャは　40　ということを言うために勾配具と棒に言及している。
> ① 「重度の障害を抱える患者でも楽しむことができる」
> ② 「氷の上で行われるカーリングとよく似ている」
> ③ 「ゲームの中で克服すべき多くの障害がある」
> ④ 「ゲームの中で様々な道具を使わなければならない」

　勾配具と棒は**第3パラグラフ ❹**，**❺**に出てくるが，それはその前の内容，すなわち同❸さらには同❶の具体例として言及されている。①が正解。②は**第2パラグラフ ❼**に記述があるが，勾配具と棒に言及した理由とは関係がないため，誤り。③，④は本文に記述がないため，誤り。「抽象から具体へ」の流れを意識したい。

問3 【記事の概要をつかみ，適切な要約を考える】

41　　**正解：①**　標準　思

> 　あなたは，他の委員会メンバーのためにこの記事を要約している。以下の選択肢の中で，あなたの要約を完成させるのに最適なものはどれか。
> 【要約】
> ボッチャは様々な人によって楽しまれているスポーツだ。1つの利点は，体の不自由な人の多くがこのスポーツを楽しめることだ。また，性別や年齢に関係なく，ほぼ誰でも楽しむことができる。その結果，ボッチャは　41　。

第5パラグラフ 全体の内容より，①が正解。なお，【要約】の中の「ボッチャは様々な人によって楽しまれているスポーツだ。」は**第1パラグラフ**の，「1つの利点は，体の不自由な人の多くがこのスポーツを楽しめることだ。」は**第3パラグラフ**の，「また，性別や年齢に関係なく，ほぼ誰でも楽しむことができる。」は**第4パラグラフ**の内容である。大まかな文章の流れを読み取れれば，根拠箇所は見つけやすくなる。

問4 【記事の概要をつかみ，運動会の改善に役立つ考えを読み取る】

| 42 | **正解**：④ 標準 思 |

ボッチャがあらゆる人によって楽しまれているスポーツだという本文全体の趣旨から，④が正解。

▶**日本語訳**

導入　あなたはアメリカにいる交換留学生で，運動会委員会の委員である。あなたは運動会を改善するのに役立つ考えを得るため，アメリカのオンラインスポーツ雑誌の記事を読んでいる。

百聞は一投にしかず

ルーカス・アボット
2021 年 2 月 2 日

第1パラグラフ　❶私たちは，スポーツを楽しむと言う。❷しかし，その「私たち」という言葉の中に，果たしてどれほどの数の人が含まれているのだろうか。❸一般に，スポーツは多くの身体の動きを必要とする。❹したがって，身体に障

害のある人ができるスポーツの数にはおのずと限りがある。❺しかし，世界中で様々な取り組みが行われ，スポーツの「ノーマライゼーション」を目標に様々な国や組織がこれまで努力をしてきた。❻今回紹介するのは，比較的幅広い人々が参加できる「ボッチャ」というスポーツだ。

第2パラグラフ ❶ボッチャはイタリア語で「ボール」を意味する語であり，白1つ，赤6つ，青6つの革製ボールを使って行うスポーツだ。❷ルールは比較的簡単である。❸コートは，長さ12.5m，幅6mだ。❹初めに白の目標球がコートに投げられる。❺その後，競技者が赤または青のボールを複数回交互に投げる。❻目標球に最も近づけた側の勝利となる。❼ボッチャは氷の上で行うカーリングに似ているため，「床の上のカーリング」とも呼ばれる。

第3パラグラフ ❶ボッチャの魅力的な特徴の1つは，比較的障害の程度の重い者でもハンデなしで参加できることだ。❷これは，このスポーツが元々，一般に身体の動きに制限のある脳性麻痺の患者用に考案されたためである。❸たとえボールを直接投げることができない場合であっても，楽しむことができる。❹ランプと呼ばれる様々な種類の勾配具を使って，ボールを転がしたい方向に転がすことができる。❺また，ヘッドポインターと呼ばれる棒を頭につけてボールを押さえることができ，首から上さえ動かすことができれば，それは上手く機能する。❻さらに身体が全く動かせない場合でも，アシスタントに意図を伝えることができれば，アシスタントが代わりにボールを転がすことがルール上認められている。

第4パラグラフ ❶もう1つの魅力的な特徴は，障害者だけでなく，健常者も含めた幅広い人がこのスポーツを楽しめる点である。❷唯一あるルール上の制限は，個人，ペアまたは3人グループという人数に関するものだけである。❸男女の区別はなされない。❹さらに，ボールを転がすのにそれほど強い力が要らないため，体力のある人もない人も等しくこのスポーツを楽しむことができる。❺そのうえ，年齢も不利にならない。

第5パラグラフ ❶このように，ボッチャはあらゆる人が同じように楽しむことができる素晴らしいスポーツである。❷パラリンピックにおいては，1988年のソウル大会より正式競技として採用されてきている。❸現在ボッチャは，世界中の約40か国で楽しまれている。❹また，多くの企業により競技用具の寄付などが行われ，その人気と認知度はますます高まっている。❺日本人ボッチャプレイヤー，杉村英孝氏は言う。「ボッチャの醍醐味は…百聞は一投にしかずですよ」❻まだやったことがない人は，一度挑戦してみてはどうだろうか。

B 〔 社会的な話題の文章を読み，論理展開や要旨を把握する問題 〕　**標準**

イントロダクション

　「仮眠と仕事の効率」についての文章が示され，それについての理解を問う問題。ポスターの空所を補充して完成させる形式である。

導入

- ▶ cultural festival「文化祭」
- ▶ nap「仮眠」

第**1**パラグラフ

- **1**▶ fall asleep「眠りに落ちる」
- **1**▶ scold O「O を叱る」
- **2**▶ normal「正常な」
- **3**▶ recognize O「O を認識する」
- **4**▶ essential for A「A にとって不可欠な，重要な」
- **5**▶ naturally「自然と」
- **5**▶ have trouble *doing*「…するのに苦労する」
- **5**▶ pay attention「注意を払う」
- **8**▶ make up for A「A の埋め合わせをする」
- **9**▶ the previous night「前の晩」
- **10**▶ furthermore「さらに」
- **10**▶ remove O「O を取り除く」
- **10**▶ fatigue「疲労」

第**2**パラグラフ

- **1**▶ beneficial「有益な」
- **1**▶ it は to sleep at their workplaces を真主語とする形式主語。
- **3**▶ sense of guilt「罪悪感」
- **4**▶ play a ... part in *doing*「〜することにおいて…な役割を果たす」
- **5**▶ work environment「職場環境」
- **5**▶ individual「個人」
- **5**▶ A alone「A だけ」
- **6**▶ depend on A「A にかかっている，A 次第である」

第**3**パラグラフ

- **1**▶ improve O「O を改善する」
- **2**▶ equipped with sleeping rooms は companies を修飾する過去分詞句。
- **3**▶ designed for taking a nap は a chair を修飾する過去分詞句。
- **4**▶ terrible「ひどい，おそろしい」
- **4**▶ faint「失神する」
- **5**▶ giant「巨大企業」
- **5**▶ install O「O を設置する」
- **5**▶ headquarters「本社」
- **6**▶ vice president「副社長」
- **6**▶ complete「完成している」
- **7**▶ place a high value on A「A に高い価値を置く」
- **8**▶ employee「従業員」
- **8**▶ rhythm「リズム」

136

第4パラグラフ

❶▶ private company「私企業」

❶▶ organization「組織，団体」

❶▶ promote O「O を促進する」

❷▶ educational institution「教育機関」

❸▶ make sure that S V ...「…を確実にする」

❹▶ conduct O「O を行う」

❹▶ conducted by NASA は research を修飾する過去分詞句。

❹▶ subject「被験者」

❹▶ cognitive ability「認知能力」

❹▶ attention「注意力」

❺▶ crucially「決定的に」

❺▶ play a ... role「…な役割を果たす」

第5パラグラフ

❷▶ efficiency「効率」

❸▶ you should note は points を修飾する形容詞節。

❺▶ prevent O from *doing*「O が…するのを妨げる」

❼▶ It は for you to sit in a chair with ... a nap を真主語とする形式主語。

❼▶ desirable「望ましい」

❼▶ with ... off は with O off「O がはずれた状態で」を用いた表現で，「O をはずして」という意味。

❽▶ have difficulty *doing*「…するのに苦労する」

❿▶ work on A「A に対して効果がある，効く」

❿▶ 2つ目の it は to have coffee before you take a nap を真主語とする形式主語。

設問解説

問1　【文章の概要をつかみ，述べられていない内容を把握する】

43　　**正解**：④　　

ポスターの最初の見出しの下に，あなたのグループは文章で説明されていたような仮眠をとることの重要性を述べたい。1つの提案がうまく当てはまらないということについて全員の意見が一致している。以下のうち，どれを含めるべき**でないか**。　43

① 「A」

② 「B」

③ 「C」

④ 「D」

⑤ 「E」

本文に記述がない④「D」が正解。①「A」は **第1パラグラフ** ❺，❻に，

②「B」は同❼に，③「C」は同❿に，⑤「E」は同❽，❾に記述があるため，それぞれ誤り。なお，③「C」は本文の reducing stress and depression「ストレスやうつを減少させる」が，ポスターでは keeps you mentally healthy「精神的に健康でいられるようにする」と言い換えられている。

問2 【ポスターの内容からふさわしい見出しを考える】

44 **正解**：④ やや易 思

> あなたはポスターの2つ目の見出しを書くよう頼まれた。以下のうちどれが最も適切か。 44
> ①「私企業による仮眠を促進策」
> ②「組織で仮眠ポッドを導入する理由」
> ③「企業に仮眠室があることの重要性」
> ④「様々な組織による仮眠を促進する努力」

　ポスターの2つ目の見出しの下に着目する。第❸パラグラフ，第❹パラグラフ で述べられていた様々な団体による仮眠を促進する取り組みが書かれているため，④が正解。①は 第❹パラグラフ ❶，❷，❸に私企業以外の例として挙げられているバージニア工科大学や NASA がポスター中にも挙げられているため，誤り。②はポスター中にナイキやバージニア工科大学，NASA については仮眠ポッドを導入する理由が書かれていないため，誤り。③はポスター中に関連する記述がないため，誤り。

問3 【NASA の研究結果をグラフで把握する】

45 **正解**：② 標準 思

> あなたは NASA による研究結果を示したい。以下のグラフのうちどれがあなたのポスターに最も適しているか。 45

① 26分間仮眠をとった後の能力の改善率（%）　■認知能力　■注意力

② 26分間仮眠をとった後の能力の改善率（%）　■認知能力　■注意力

③ 26分間仮眠をとった後の能力の改善率（%）　■認知能力　■注意力

④ 26分間仮眠をとった後の能力の改善率（%）　■認知能力　■注意力

第4パラグラフ ❹より，②が正解。

問4 【文章の概要をつかみ，良い仮眠をとるためのコツを把握する】

| 46 | ・ | 47 | **正解**：①・⑤ 標準 |

　　ポスターの最後の見出しの下に，あなたは文章に基づき，仕事中に仮眠をとるための具体的なコツを付け加えたい。以下の記述のうちどの2つを使うべきか。（順番は問わない。） 46 ・ 47
①「仮眠をとりすぎてはならない。」
②「仮眠後にコーヒーを飲みなさい。」
③「ベッドに横たわり，リラックスしなさい。」
④「暗い部屋で仮眠をとりなさい。」
⑤「身体につけたきついものをはずしなさい。」

第5パラグラフ ❹より，①が正解。また，同❼より，⑤も正解。本文の with your watch and accessories off「時計やアクセサリーをはずして」が，選択肢では Take off anything tight on your body「身体につけたきついものをはずす」と言い換えられている。②は同❿に，③は同❼，❽に反し，それぞれ誤り。④は本文に記述がないため，誤り。

日本語訳

導入　　あなたは学校の文化祭でポスター発表をする学生グループの1人である。あなたのグループのタイトルは「仮眠をとり，よく働こう」である。あなたはポスターを作るために以下の文章を使っている。

仮眠の驚異：仕事中に寝る

第1パラグラフ　❶あなたは授業中に眠ってしまい，先生に叱られたことがあるだろうか。❷もし答えが「イエス」なら，あなたはきわめて正常だ。❸近年，日中に短時間眠る仮眠の重要性がビジネスの世界で認識されている。❹第一に，仮眠は効率的な仕事にとって不可欠だ。❺もしあなたが朝から働いているなら，午後には眠く感じるのが自然であり，集中したり注意を払ったりするのが難しくなる。❻しかし，15分～30分の仮眠をとれば，夕方まで効率的に働くことができる。❼仕事中のミスや事故が減ることも期待できる。❽また，仮眠は睡眠不足を埋め合わせるのに役立つ。❾たとえ前日の夜によく寝ていなかったとしても，ほんの短時間眠るだけで素早く回復できる。❿さらに，仮眠は身体的，精神的な疲労を取り除き，ストレスやうつの減少につながると言われている。

❶多くの人が仮眠は有益であると知っているにもかかわらず，職場で眠るのは依然として難しい。❷彼らは，夜に眠るべきで昼に眠るべきではないと信じている。❸例えば，ある従業員は言う。「周りで同僚が働いている中，寝ることはできません。罪悪感すら感じます」❹従業員の仮眠に対する姿勢が状況を良くするのに重要な役割を果たす。❺しかし，これは職場環境の問題でもあるため，個人だけではその状況についてそれほど多くのことはできない。❻解決はいかに企業が職場環境を改善するかにかかっている。

❶現在，ますます多くの企業が状況を改善し始めている。❷ある調査によると，仮眠室を備えた企業の割合は2015年から2018年までに1％から約6％まで上昇した。❸アメリカのオンラインメディア，ハフポストの創設者であるアリアナ・ハフィントンは仮眠用に設計された椅子「エナジーポッド」を彼女の会社に導入した。❹彼女が仮眠の重要性を強調するのは，自身がかつて睡眠不足が原因で失神してしまうというおそろしい経験をしたためだ。❺アメリカのインターネット界の巨大企業，グーグルも仕事の効率改善のため本社にエナジーポッドを設置した。❻グーグル不動産・事務所サービスの副社長デイヴィッド・ラドクリフは，「仮眠ポッドなしに職場は完成しません」と言う。❼ナイキもまた，睡眠に高い価値を置く企業である。❽ナイキは従業員個人の睡眠パターンと睡眠リズムに目を向け，それぞれにとっての最良の就業時間を提案する。❾もちろん，会社には仮眠室がある。

❶私企業だけが仕事中の睡眠を促進する唯一の団体ではない。❷バージニア工科大学やマイアミ大学，フロリダ大学といった教育機関もすでにエナジーポッドを導入している。❸NASAもまた，従業員が仮眠をとり，効率よく安全に働くことを確実にしている。❹NASAによって行われた研究によると，26分の仮眠により被験者の認知能力が34％改善し，注意力は54％改善したとのことだ。❺高度の認知能力と注意力が求められる宇宙のミッションでは，仮眠をとることが決定的に重要な役割を果たす。

❶もしあなたが家で働いたり勉強をしたりしているなら，上で示したことと同じことが当てはまる。❷日中に仮眠をとり，午後の仕事や勉強の効率を上げることができる。❸しかしながら，留意しておくべきいくつかの点がある。❹長く寝るべきではない。❺仮眠として1時間かさらにそれより長い時間寝る人もいるが，それは効率的に働くことや夜によく眠ることの妨げとなる。❻ベストな時間は15〜30分だ。❼また，仮眠中は時計やアクセサリーをはずして椅子に座ることも望ましい。❽ベッドで横になってしまうと，起き上がるのに苦労する。❾少量のカフェインを摂取することも役に立つだろう。❿カフェインは摂取後約20〜30分で効果が出るため，仮眠をとる前にコーヒーを飲むと良い。⓫仮眠をとることであなたの仕事の質はさらに上がるだろう。⓬仕事中に仮眠をとってみてはどうだろうか。

あなたの発表用ポスター：

仮眠をとり，よく働こう

1. なぜ仮眠をとることが重要か？

A. それは集中力を改善する。

B. それはミスや事故を避けるのに役立つ。

C. それは精神的に健康でいられるようにする。

D. それは若い見た目を保つ。

E. それは睡眠不足から回復するのに役立つ。

2. [44]

ハフポスト：創設者の経験に基づき，仮眠ポッドを導入

グーグル：仕事の効率改善のため，仮眠ポッドを設置

ナイキ：仮眠室を設置し，従業員の睡眠パターンと睡眠リズムに従い柔軟な就業時間を提案

バージニア工科大学：仮眠ポッドを導入

NASA：仮眠ポッドを導入し，研究を実施（図1参照）

[45]

図1. 認知能力および注意力／仮眠時間

3. 良い仮眠をとるためのコツ

[46]

[47]

分析編

解答・解説編

共通テスト・第1日程

予想問題・第1回

予想問題・第2回

予想問題・第3回

予想問題・第3回　解答

問　題番　号(配点)	設　問	解答番号	正　解	配　点	問　題番　号(配点)	設　問	解答番号	正　解	配　点
第1問(10)	A	1	1	3	2	第4問(16)	1	21	2	3
		2	2	2	2		2	22	4	3
	B	1	3	4	2		3	23	2	3
		2	4	2	2		4	24-25	2-6	4*
		3	5	4	2		5	26	2	3
第2問(20)	A	1	6	3	2	第5問(20)	1	27	4	5*
		2	7	2	2			28	3	
		3	8	2	2			29	1	
		4	9	4	2			30	6	
		5	10	3	2			31	5	
	B	1	11	3	2		2	32-33	3-5	5*
		2	12	3	2		3	34	4	5
		3	13	3	2		4	35-36	3-4	5*
		4	14	1	2	第6問(24)	A	1	37	3	3
		5	15	2	2			2	38	1	3
第3問(10)	A	1	16	4	2			3	39	1	3
		2	17	2	2			4	40	3	3
	B	1	18	5	2		B	1	41	2	3*
		2	19	4	2				42	1	
		3	20	2	2				43	3	
								2	44-45	1-5	3*
									46-47	2-6	3*
								3	48	1	3

(注)
1 ＊は，全部正解の場合のみ点を与える。
2 －（ハイフン）でつながれた正解は，順序を問わない。

分析編

解答・解説編

共通テスト・第1日程

予想問題・第1回

予想問題・第2回

予想問題・第3回

情報の探し読みを通じて，必要な情報を読み取る力を問う問題

A 〔メモを読み，意図や情報を読み取る問題〕 〔易〕

イントロダクション

　平易な英文で書かれたメモを読み，書き手の意図を読み取る問題。選択肢がややまぎらわしいため，注意が必要である。

語句・文法

導入

- ▶ host O「O を主催する」
- ▶ welcome party「歓迎会」
- ▶ receive O「O を受け取る」
- ▶ club advisor「クラブの顧問」

メモ

- ❹▶ if possible「可能なら」
- ❹▶ so (that) S can *do*「S が…できるように」
- ❹▶ in advance「前もって」
- ❺▶ get O₁ O₂「O₁ に O₂ を準備する」
- ❻▶ convenient「便利な，都合の良い」
- ❼▶ be looking forward to A「A を楽しみにしている」

設問解説

問1 【メモの書き手の意図を読み取る】　　1　　**正解**：③　〔易〕

> 　　教師はあなたに　　1　　を考えてほしいと思っている。
> ① 「パコーンにどうやってメモを渡すか」
> ② 「パコーンとどうやって友達になる」
> ③ 「パコーンについて何を知りたいか」
> ④ 「パコーンの歓迎会をいつ開くか」

　メモの❷，❸より，③が正解。①，②，④は本文に記述がないため，誤り。

問2 【メモの書き手の意図を読み取る】 　2　 　正解：②　やや易

> 教師はまた　2　も知りたがっている。
> ① 「プレゼントにいくらお金をかけられるか」
> ② 「パコーンにとって何が最も良いプレゼントであると考えるか」
> ③ 「いつ質問表を作ることができるか」
> ④ 「パコーンがいつ英語部に入るか」

　メモの❻より，②が正解。③は，同❹に質問表についての記述はあるが，いつ質問表を作れるかを知りたいとは書かれていないため，誤り。①，④は本文に記述がないため，誤り。

日本語訳

導入　あなたは，英語部の部員である。あなたたちはタイ出身の新入部員パコーンのために，歓迎会を主催する予定である。外国語指導助手（ALT）であり部の顧問であるショーンから，メモを受け取った。

親愛なる英語部の部員の皆さんへ

❶ パコーンの歓迎会で何をするかについて，そろそろ決める時期です。❷ 私たちは彼のことをよく知ろうとするべきだと思います。❸ 彼に尋ねる質問をいくつか考えてもらえますか。❹ 可能であれば，あらかじめ私から彼に渡せるように質問表を作っておいてください。❺ それと，ペンやケーキのようなプレゼントを彼のために準備するのはいい考えだと思います。❻ 何を買ったら良いか，買いに行くのにいつなら都合が良いかを教えてください。❼ 歓迎会を楽しみにしています！

よろしく
ショーン

B イベント告知記事から情報を把握する問題

イントロダクション

　イベントの告知を読み，その概要を把握する問題。必要な情報を素早く読み取れるようになるためには，ある程度の場数を踏むことも重要である。

語句・文法

導入
- ▶ city hall「市役所」
- ▶ notice「告知」

告知
- ▶ purpose「目的」
- ▶ realize O「O に気づく，O がわかる」
- ▶ how fun it is to *do*「…するのがどれほど楽しいか」
- ▶ it は to use 以下を真主語とする形式主語。
- ▶ self introduction「自己紹介」
- ▶ participate「参加する」
- ▶ for free「無料で」
- ▶ available「利用可能な」
- ▶ public transportation「公共交通機関」

設問解説

問1 【告知の目的を把握する】　　3　　正解：④　やや易　思

　この告知の目的は，　3　ことだ。
① 「イベントの主催を手伝う学生の参加を求める」
② 「外国人学生が日本人と意思疎通するのを促す」
③ 「外国人学生にイベントについて知らせる」
④ 「日本人学生にイベントについて伝える」

　告知文のタイトル「日本人学生の参加者募集」より，日本人学生に向けたイベントの告知が目的だとわかるため，④が正解。

146

問2 【告知の内容を正確に読み取る】 　4　 正解 : ② 標準 思

> 　イベント中，日本人学生は　4　予定だ。
> ① 「日本文化についてのクイズに答える」
> ② 「いくつかの英単語を学ぶ」
> ③ 「外国人学生の発表を聞く」
> ④ 「外国人学生とクリスマスソングを作る」

　表のイベント(2)より，語彙クイズが行われることがわかる。また，イベント(2)の1つ目の●より，英語表現を学ぶこともわかる。②が正解。③はイベント(4)に発表についての記述はあるが，「学んだことを使って」とあり，発表は参加した日本人学生がイベントで学んだことを使ってするものであるということがわかるため，誤り。①，④は本文に記述がないため，誤り。

問3 【告知全体からイベント参加の条件を読み取る】
　5　 正解 : ④ やや易 思

> 　イベントで，参加者は　5　べきだ。
> ① 「車で来場する」
> ② 「誰かを外国人学生に紹介する」
> ③ 「お気に入りの歌を歌う」
> ④ 「英語で話す」

　告知全体より，イベントでは外国人学生と英語で意思疎通をするということが読み取れるため，④が正解。①は2つ目の＊に反し，誤り。②，③は本文に記述がないため，誤り。

導入 あなたは自分の住む市の市役所を訪れている。そこで興味深い告知を見つけた。

RESE
レインボーシティー英語特別イベント

日本人学生の参加者募集

エンジョイ・イングリッシュ・デー

　エンジョイ・イングリッシュ・デーとは？
　エンジョイ・イングリッシュ・デーは，高校生が日本で勉強する外国人学生とコミュニケーションをとるのを楽しむイベントです。私たちの目的は，英語をコミュニケーションの道具として使うことがいかに楽しいかを日本人学生が知るお手伝いをすることです。

日時	12月3日　土曜日　午後1時〜午後3時
場所	レインボー・コミュニティー・センター
イベント	(1)　ウォーム・アップ　午後1時20分〜午後1時40分 　　●自己紹介 　　●一緒にクリスマスソングを歌おう (2)　レッスン・タイム：ボキャブラリー・クイズ 　　午後1時40分〜午後2時 　　●外国人学生から身の回りの物を英語で表現する方法を学ぼう 　　●クイズを楽しもう (3)　レッスン・タイム：外国文化　午後2時〜午後2時20分 　　●英語で祝祭日について学ぼう (4)　発表　午後2時20分〜午後3時 　　●学んだことを使って英語で発表しよう

＊どの英語レベルの学生も無料で参加できます。
＊駐車場はありません。公共交通機関をご利用ください。

第2問
概要や要点を捉える力,事実と意見を整理する力,書き手の意図を把握する力を問う問題

A 料理レシピ等から情報を把握する問題　　やや易

イントロダクション

　平易な英語で書かれた料理のレシピを読み,料理の手順などの情報を正確につかむとともに,事実と意見を区別する問題。見出しに着目して情報を探す習慣をつけたい。また問1のように,本文に書かれている内容から,はっきりとは書かれていないことを推測する問題は今後も出題が予想される。ぜひ練習しておきたい。

語句・文法

導入

▶ recipe「レシピ」

レシピ

▶ low-calorie「低カロリーの」
▶ as rated「評価されている」
▶ ingredient「材料」
▶ onion「たまねぎ」
▶ olive oil「オリーブオイル」
▶ ground beef / pork mix「合いびき肉」
▶ beef「牛肉」
▶ pork「豚肉」
▶ bread crumbs「パン粉」
▶ wrap O「O を包む」
▶ paper towel「ペーパータオル,キッチンペーパー」
▶ remove O「O を取り除く」
▶ excess「余分な」
▶ crush O「O をつぶす」
▶ fry O「O を炒める」
▶ hamburg patty「ハンバーグのパティ」

レビューとコメント

▶ yummy「おいしい」
▶ on a diet「ダイエット中で」

問1 【どのような料理かを読み取る】　　6　　　正解：③　やや易　思

> このレシピは，もしあなたが　6　ことを望むなら良いだろう。
> ① 「朝食にジャガイモを調理する」
> ② 「冷たいものを食べる」
> ③ 「体重を減らすのに役立つものを食べる」
> ④ 「火を使わずに軽食を用意する」

　見出しの LOW-CALORIE という記述や冒頭文の healthy という記述などから推測する。これらの記述より，体重を減らすのに役立つものを食べたい人に最適であると考えられるため，③が正解。①はこの料理は材料としてジャガイモを使用していないため，誤り。②，④は作り方全体からこの料理が火を使った温かい料理であるとわかるため，誤り。

問2 【調理にかかる時間を計算する】　　7　　　正解：②　易　思

> 作り方に従えば，この料理は約　7　で食べられるようになるはずだ。
> ① 「15分」　　　　　　　　② 「25分」
> ③ 「35分」　　　　　　　　④ 「45分」

　レシピからかかる時間を計算する。**作り方**❷で2分＋10分，❺で7分かかることがわかり，全体で約19分となる。その他の時間も多少はかかることを考慮すると，②が正解。

問3 【レシピからどのような調理手順であるかを読み取る】
　8　　　正解：②　易　思

> 　8　ので，生卵が好きでない人もこの料理を食べられるかもしれない。
> ① 「卵が使われていない」
> ② 「卵が加熱調理されている」
> ③ 「卵が新鮮である」
> ④ 「卵がおいしい」

　作り方❺より，最終的に卵に熱を加えるため，②が正解。①は材料に卵があるため，誤り。③，④は本文に記述がないため，誤り。

問4 【事実と意見を区別する】　　9　　正　解：④　標準　

> 　　ウェブサイトによると，このレシピについての**事実**（意見ではなく）は
> 　9　ということだ。
> ① 「作るのが簡単である」
> ② 「夫にとって良い」
> ③ 「とてもおいしい」
> ④ 「牛乳を必要とする」

　材料　Bに牛乳があるため，④が正解。①，②，③は「事実」ではなく「意見」であるため，誤り。

問5 【事実と意見を区別する】　　10　　正　解：③　標準　

> 　　ウェブサイトによると，このレシピについての**意見**（事実ではなく）は
> 　10　ということだ。
> ① 「ある妻が夫のためにこの料理を作った」
> ② 「肉が好きでない人にとって良い」
> ③ 「健康に良い」
> ④ 「レシピはある妻によって投稿された」

　レビューとコメント　の home@cooking と hamburg@love の投稿より，③が正解。③はそれに対して賛成または反対ができる「意見」であるが，①は「事実」であるため，誤り。②，④は本文に記述がないため，誤り。

　あなたは学校で料理部の部員である。そして，あなたは何か違うものを作りたいと考えている。ウェブサイトであなたはおいしそうな料理のレシピを見つけた。

低カロリー　簡単ヘルシーレシピ

これは私たちのウェブサイトで評価された中でトップ10に入る肉料理の1つです。あなたはこの料理がヘルシーでとてもおいしいと思うでしょう。

豆腐ハンバーグ

	大さじ

材料（4人前）

豆腐1丁　　玉ネギ1/4個　　オリーブオイル 2杯

A：合いびき肉200g　　塩

B：牛乳 2杯　　卵1個　　こしょう　　パン粉 4杯

作り方

❶ 準備：豆腐をキッチンペーパーで包んで余分な水分を取り除く。

❷ 豆腐を細かくつぶす。大さじ1/2杯のオリーブオイルで玉ネギを2分間炒め，10分間冷ます。

❸ Aをボウルに入れて混ぜ合わせ，その後Bと❷を加える。

❹ 混ぜ合わせたものを使い，豆腐ハンバーグのパティを4つ作る。

❺ 大さじ1と1/2杯のオリーブオイルをフライパンで熱し，豆腐ハンバーグのパティを7分間焼く。

❻ 熱いうちに召し上がれ！

レビューとコメント

home@cooking 2021年1月16日8時2分
とてもおいしい！そしてとてもヘルシー。

hamburg@love 2021年1月18日7時5分
とてもヘルシー。ダイエット中にぴったり。夫のために何回も作りました。

分析編

解答・解説編

共通テスト・第1日程

予想問題・第1回

予想問題・第2回

予想問題・第3回

B ディベートに向け意見や情報を把握する問題 標準

イントロダクション

　試験のためのスマートフォン持ち込みについての記事を読み，様々な意見を整理し，事実と意見の区別をする問題。

語句・文法

導入
▶ help O *do*「O が…するのを助ける」
▶ prepare for A「A の準備をする」

第❶パラグラフ
❶▶ policy「方針」
❷▶ plan to *do*「…することを計画する」
❷▶ allow O to *do*「O が…することを許す」
❷▶ bring O in / bring in O「O を持ち込む」
❸▶ ban O「O を禁止する」

第❷パラグラフ
❶▶ in favor of A「A に賛成で」
❷▶ against A「A に反対で」
❷▶ dinosaur「恐竜，時代遅れ」
❸▶ gather O「O を集める」
❸▶ online「オンラインで，インターネット上で」
❹▶ applicant「志願者」
❺▶ measure O「O を測る」
❺▶ ability to *do*「…する能力」

第❸パラグラフ
❶▶ on the other hand「一方で」
❷▶ memorize O「O を暗記する」
❷▶ academic performance「学業成績」
❷▶ go down「下がる」
❸▶ get used to *doing*「…することに慣れる」
❸▶ think for oneself「自分で考える」

設問解説

問1 【ルールの内容と適用範囲を把握する】　11　正解：③　やや易

　記事の中で説明されたルールに従うと，スペインのリバーサイド・ハイスクールの生徒は　11　ことが許されるだろう。
①「学校に自分のスマートフォンを持ってくる」
②「スマートフォンの使用についての方針を変更する」

③「試験中にインターネットで情報を探す」
④「放課後に自分のスマートフォンを使う」

第1パラグラフ ❷より，試験のためにスマートフォンを持ち込むことを許可することが計画されているとわかるため，③が正解。①，②，④は本文に記述がないため，誤り。

問2 【あるトピックを支持する意見を選ぶ】 　12　 **正解**：③ 標準

あなたのチームは「試験のためのスマートフォンの使用は許されるべきだ」というディベートのトピックを支持する。記事の中であなたのチームにとって役に立つ<u>意見</u>（事実ではなく）は，　12　ということだ。
①「スマートフォンを使うことで生徒の考える力を育むことが重要だ」
②「ある日本の学校は入学試験にスマートフォンの使用を採り入れた」
③「生徒はスマートフォンを使ってオンラインのデータを扱えるようになるべきだ」
④「スマートフォンを使うことは他者と意思疎通をする能力を高めるだろう」

第2パラグラフ ❸より，③が正解。本文の gather necessary information online「オンラインで必要な情報を収集する」が，選択肢では deal with online data「オンラインのデータを扱う」と言い換えられている。②は「意見」ではなく「事実」であるため，誤り。①，④は本文に記述がないため，誤り。

問3 【あるトピックに反対する意見を選ぶ】 　13　 **正解**：③ 標準

もう一方のチームはディベートのトピックに反対する。記事の中でそのチームにとって役に立つ<u>意見</u>（事実ではなく）は，　13　ということだ。
①「スマートフォンを使う者もいれば使わない者もいるのは不公平だ」
②「生徒はスマートフォンを使ってオンラインゲームをすることができる」
③「生徒は試験でスマートフォンを使えるようになると一生懸命勉強しないだろう」
④「スマートフォンを修理する費用は高すぎるだろう」

第3パラグラフ ❷より，③が正解。本文の students will not memorize what they need to memorize「生徒は暗記すべきことを暗記しなくなるだろう」が，選択肢では students will not study hard「生徒は一生懸命勉強

しないだろう」と言い換えられている。①，②，④は本文に記述がないため，誤り。

問4 【前後の文の内容から，ある表現の意味を推測する】

14 **正解**：① 標準

> 　記事の第2パラグラフの "Those who are against the idea are dinosaurs." というのは，新しい変化に反対する人々が 14 ということを意味している。
> ① 「時代遅れだ」
> ② 「とても攻撃的だ」
> ③ 「重要なことを議論している」
> ④ 「ルールに従っていない」

　文中の表現の意味を推測する手がかりの1つが，前後の文の内容である。なぜなら，英文は文同士が無関係に並んでいるのではなく，述べたことを次の文でさらに具体的に説明するなど関連し合っているからだ。本問でも，次の文にあたる 第2 パラグラフ ❸ で，「このインターネットの時代においては，スマートフォンを使ってオンラインで必要な情報を収集することが重要です」と述べていることから，本問の表現はインターネットの時代に合っていないことを表すものだと推測できる。①が正解。②，③，④はいずれも次の文とつながらないため，誤り。なお dinosaur は「恐竜」の意味だが，本問のように「古いもの，時代遅れ」の意味で用いられることもある。

問5 【意見の概要を把握する】 15 **正解**：③

> 　コメントによると，リンダ・スライは記事で述べられた新方針について 15 。
> ① 「特に意見を持っていない」
> ② 「部分的に賛成している」
> ③ 「強く賛成している」
> ④ 「強く反対している」

　コメント より，試験中のスマートフォン使用を許可する新方針について，強く賛成の意見を表明していることがわかる。③が正解。

導入　あなたの英語教師が，あなたたちが次の授業でのディベートに向けて準備をする手助けをするため，ある記事を渡した。複数のコメントのうち1つがついた記事の一部が以下に示されている。

試験での電話使用

アリス・アダムズ，マドリード
2020年12月14日　午後5時6分

第1パラグラフ　❶スペインのリバーサイド・ハイスクールでは，ある新方針が予定されている。❷試験のためにスマートフォンを生徒が持ち込むのを許可することを計画しているのだ。❸スマートフォンの試験への持ち込みはこれまで禁止されていたため，これは非常に大きな方針変更だ。

第2パラグラフ　❶中にはこの新しい案に賛成の人もいる。❷ある教師は言う。「この考えに反対している人は時代遅れです。❸このインターネットの時代においては，スマートフォンを使ってオンラインで必要な情報を収集することが重要です」❹事実，入学試験での志願者のスマートフォンの持ち込みをすでに認め始めている日本の学校がある。❺その学校のある教師は言った。「私たちは生徒の思考力を測れると感じています」

第3パラグラフ　❶一方で，この変更に反対の人もいる。❷暗記しなければならないことを生徒が暗記しなくなり，学業成績自体が下がるだろうと言う教師もいる。❸ある親は言う。「もし生徒がスマートフォンを使うのに慣れると，彼らは自分自身で考えられなくなるでしょう」❹また，スマートフォンの不具合により，テストがうまく行えないかもしれないと心配する親もいる。

15件のコメント

最新

リンダ・スライ　2020年12月15日　午後7時11分
❶この新計画はうまくいくと思います。❷情報は今やどこでも手に入るようになっています。❸したがって，情報を与えられたときにそれを使う力を持っていることが大切です。

A　学園祭に関するブログの概要を把握する問題　　　　　　標準

イントロダクション

　学園祭について書かれたブログを読み, その概要を正確に把握する問題。問2のように, 文章全体で何を言っているのかを意識することは1文1文を正確に読むことと同じくらい重要である。

語句・文法

導入

▶ exchange student「交換留学生」

第1パラグラフ

❷▶ exhibition「展示」

❷▶ that each class had prepared は exhibitions を先行詞とする関係代名詞節。

❺▶ so ... (that) S V~「とても…なので~」

❺▶ overcome O「O を克服する」

第2パラグラフ

❶▶ goldfish scooping「金魚すくい」

❹▶ Mary caught は The fish を修飾する形容詞節。

❹▶ release O「O を放つ」

❹▶ tank「水槽」

❹▶ according to A「A に従って」

❼▶ chilly「寒い」

第3パラグラフ

❷▶ pitch「投球」

❷▶ compete「競争する」

❸▶ be confident (that) S V ...「…に自信がある」

❸▶ first place「1 位」

❹▶ regret to *do*「残念ながら…する」

⓫▶ victory stand「表彰台」

第4パラグラフ

❷▶ memorable「記憶に残る」

問1 【ブログの内容を正確に把握する】　16　正解：④　標準

> 　学園祭では，　16　。
> ①「チキンは筆者が望んだよりも温かった」
> ②「捕った金魚は家に持ち帰られた」
> ③「ホームラン・チャレンジは午前中に開かれた」
> ④「科学ショーは屋内で行われた」

　第1パラグラフ❸より，④が正解。①は第2パラグラフ❼に，②は第2パラグラフ❹に，③は第3パラグラフ❶に反し，それぞれ誤り。

問2 【ブログの概要を把握する】　17　正解：②　やや難　思

> 　あなたはこのブログの筆者が　17　ということを知った。
> ①「金魚を1匹も捕まえられなかったが，別の機会に何とか数匹捕まえることができた」
> ②「複数のアクティビティで失敗したが，学園祭自体には満足した」
> ③「いくつかの日本料理を食べ，ホームラン・チャレンジで3位になった」
> ④「ホームラン・チャレンジで3本のホームランを打って喜んだ」

　第2パラグラフ❷，第3パラグラフ❹より，筆者は2回失敗していると言える。また，第4パラグラフ❶，❷より，学園祭自体には満足していることがわかる。②が正解。①は第2パラグラフ❷，❸に反し，誤り。③の前半は第2パラグラフ❺，❽より正しいが，後半は第3パラグラフ⓫およびイラストより3位になったのはメアリーであることがわかるため，誤り。④は第3パラグラフ❹に反し，誤り。

導入　あなたはブログで，あなたの学校のある交換留学生によって書かれた以下の話を見つけた。

学園祭
11月3日　土曜日

第1パラグラフ　❶私はクラスメートのメアリーと自分の学校の学園祭に行った。❷私たちは学校の中を見て回り，それぞれのクラスが準備した展示を見た。❸最初に，私たちは科学室で科学ショーを見た。❹ショーの中で学生たちは面白い実験を見せてくれた。❺とても面白かったので科学嫌いが克服できそうなほどだった！

第2パラグラフ　❶その後，私たちは金魚すくいに挑戦した。❷メアリーは5匹すくったが，私は1匹も捕れなかった。❸まぁいいや，今度こそは！❹メアリーがすくった金魚はルール通りに水槽に戻された。❺昼食は，外でお好み焼きと焼きそばを食べた。❻私たちはスパイシー・フライドチキンも食べた。❼外は少し肌寒かったので，チキンがもっと温かかったらいいのにと思った。❽それでも，それらは全部おいしかったし，いくつかの伝統的な日本料理を食べられて満足した。

第3パラグラフ　❶午後には，私たちはホームラン・チャレンジに挑戦した！❷私たちはそれぞれ10球ボールを打って何本ホームランを打てたかを競った。❸私は学校の野球部員だ。だから，1位をとることに本当に自信があった。❹しかし，残念ながら悪いニュースをお伝えする。1本もホームランを打てなかった

のだ。❺とてもがっかりだった。❻そして奇跡的なことが起きた。❼信じられるだろうか。❽メアリーは3本ホームランを打ったのだ！❾スタッフは1本ですら打つのが難しいと言っていた。❿しかし，1本どころか3本だ！⓫メアリーは表彰台の上でとてもうれしそうに見えた。

第4パラグラフ　❶学園祭はとても楽しかった。❷本当に記憶に残る経験だった。

イントロダクション

　異文化体験に関する記事の読み取りを通じて，書かれている内容を把握する力を問う問題。

語句・文法

タイトル

▶ while *doing*「…しながら，…している間に」

第2パラグラフ

❶▶ exchange student「交換留学生」

❶▶ short-term program「短期プログラム」

❶▶ hard-working「勤勉な」

❹▶ crowded「混雑した」

❾▶ see O *doing*「O が…しているのを見る」

第3パラグラフ

❷▶ fall asleep「眠りに落ちる」

❷▶ common「ありふれた」

❷▶ seldom「めったに…ない」

❷▶ have O done「O を…される」

❷▶ belonging「持ち物」

❸▶ be said to *do*「…すると言われている」

❸▶ that「それほど」

❹▶ try *doing*「試しに…する」

❺▶ get off「降りる」

第4パラグラフ

❶▶ have a hard time *doing*「…するのに苦労する」

❶▶ eventually「とうとう，結果的に」

❷▶ wake up「起きる，目を覚ます」

❹▶ continue to *do*「…し続ける」

❹▶ make up for A「A の埋め合わせをする」

第5パラグラフ

❷▶ look to A「A に目を向ける」

設問解説

問1　【雑誌の記事を読んで，概要（登場人物の気持ちの変化）を把握する】

18 　正解：⑤　標準　思

　物語によると，マリーの感情は以下の順番で変化した。 18

① 「疲れている → 心配している → 満足している → 驚いた → うれしい」
② 「疲れている → 心配している → うれしい → 驚いた → 満足している」
③ 「疲れている → 満足している → 心配している → うれしい → 驚いた」
④ 「疲れている → うれしい → 満足している → 驚いた → 心配している」
⑤ 「疲れている → うれしい → 驚いた → 心配している → 満足している」
⑥ 「疲れている → 驚いた → うれしい → 満足している → 心配している」

　マリーの感情は **第2パラグラフ** ❸tired「疲れている」→同❻happy「うれしい」→同❾surprised「驚いた」→ **第3パラグラフ** ❺worried「心配している」→ **第4パラグラフ** ❸satisfied「満足している」という順番で変化していることがわかる。⑤が正解。本文の tired が，選択肢では fatigued に，happy は glad に，worried は concerned に，satisfied は content に，それぞれ言い換えられている。

問2 【雑誌の記事を読んで，概要（登場人物が学んだこと）を把握する】
　19　　**正解**：④　やや易

　電車内でマリーが気づいた文化の違いは，おそらく　19　が原因だ。
① 「睡眠の量」
② 「より良いシート」
③ 「電車内の快適さ」
④ 「安全性の程度」

　第3パラグラフ ❷，❸より，「電車内で居眠りをするかしないか」というマリーが気づいた文化の違いは，安全性の程度にその原因があることがわかる。④が正解。

問3 【雑誌の記事を読んで，物語全体の概要を把握する】
　20　　**正解**：②　標準

　この物語から，あなたはマリーが　20　ということを知った。
① 「電車で寝ることに成功したが，駅で降りられなかった」
② 「自分の国では電車内で寝たことがなかったが，日本ではそれができた」
③ 「電車で寝ることに成功したが，二度とそのようなことはしたくないと考えている」
④ 「電車の中で寝ることができただけでなく，学校で授業中に寝ることもできた」

第3パラグラフ ⑤, 第4パラグラフ ❶より，②が正解。①は後半部分が 第4パラグラフ ❷に，③は後半部分が 第4パラグラフ ❹に反し，それぞれ誤り。④は後半部分の記述が本文にないため，誤り。

日本語訳

導入 あなたは留学雑誌で以下の記事を見つけた。

移動中に眠ること
カナコ　ヨシダ　（補助教員）

第1パラグラフ ❶私の生徒の1人が教えてくれた面白い話を紹介したいと思います。❷それは文化の違いについてのものです。

第2パラグラフ ❶フランスから短期プログラムで日本にやって来た交換留学生のマリーは，勤勉な学生です。❷彼女は毎日夜遅くまで日本語の勉強をしているので，よく寝ていません。❸ある日，彼女はかなり疲れた状態で，電車に乗っていました。❹最初は電車がとても混んでいたので，彼女は席に座れませんでした。❺しかし，しばらく立った後，席につきました。❻彼女は座ることができてうれしく思いました。❼数分間電車に乗った後，彼女はあることに気づきました。❽周りの多くの人が居眠りをしていたのです。❾彼女は自分の国では電車の中で眠る人をそれほど多く見かけないため，とても驚きました。

第3パラグラフ ❶翌日学校で，彼女はこのことをクラスメートたちに話しました。❷彼女のクラスメートたちは，電車の中で居眠りをすることは日本では普通のことで，電車で眠っている間に持ち物が盗まれることは日本ではめったにないと教えてくれました。❸彼女は日本が安全な国だと言われていることを知っていましたが，そこまで安全だとは思っていませんでした。❹そこで，彼女も電車の中で眠ってみようと決心しました。❺それまで一度も電車で寝たことはなかったので，彼女は自分の降りる駅で降りられないのではないかと，とても心配でした。

第4パラグラフ ❶最初，彼女はなかなか寝つけませんでしたが，ついに眠りに落ちました。❷そして目を覚ますと，電車が自分の降りる駅にいました。❸彼女はとても満足しました。❹「寝不足の埋め合わせをするために，これからも日本では電車の中で寝ていこうと思います」と彼女は言いました。

第5パラグラフ ❶この体験談から，私たちが毎日目にしているものが，他の国では当たり前ではないこともあるということを私たちは学ぶことができます。❷そのような違いに目を向けることは，確実に他国の文化をよく理解することにつながるでしょう。

分析編

解答・解説編

共通テスト・第1日程

予想問題・第1回

予想問題・第2回

予想問題・第3回

第4問 複数の記事やグラフを読み取り，書き手の意図を把握して必要な情報を得る力を問う問題

複数の記事やグラフを読み取り，書き手の主張を把握する問題　　やや難

イントロダクション

　日本とアメリカの大学1年生の勉強時間を比較したグラフとそれについての2人のレポートを読み，その概要を把握するとともに，主張の共通点と相違点を把握する力を問う問題。

語句・文法

導入
▶ survey「調査」
▶ freshman university student「大学1年生」

ヨーコ・タナカ
第1パラグラフ
❶▶ surprising「驚くべき」
❶▶ not ... at all「まったく…ない」
❸▶ a number of A「たくさんのA，いくつかのA」

第2パラグラフ
❶▶ it は to graduate from university を真主語とする形式主語。
❶▶ once S V ...「いったん…すると」
❸▶ busy *doing*「…するのに忙しい」
❸▶ other than A「A以外の」
❹▶ who want to work for a Japanese company は students を先行詞とする関係代名詞節。
❺▶ apply to A「Aに応募する」
❺▶ as many as A「Aもの」

第3パラグラフ
❷▶ It is ... that ～は強調構文で，「～なのは…」という意味。
❺▶ stress that S V ...「…を強調する」
❺▶ manage to *do*「何とか…できる」
❺▶ up to A「最大でA」
❺▶ X times as ... as A「AのX倍…」

ジェフ・ベック
第1パラグラフ
❷▶ diligent「勤勉な」
❷▶ spend O *doing*「…するのにOを費やす」

第2パラグラフ

❶▶ as shown ...「…示されているように」

❷▶ it は to 以下を真主語とする形式主語。

❸▶ require O to *do*「O が…することを求める」

❹▶ fail to *do*「…しない，できない」

❹▶ keep up with A「A に遅れずについていく」

❹▶ face O「O に直面する」

❹▶ kick out O / kick O out「O を追い出す」

❺▶ that's why S V ...「したがって…」

第3パラグラフ

❶▶ A, not B「A であり B でない」

❷▶ as far as I know「私が知っている限りでは」

❷▶ such as A「A のような，A のように」

第4パラグラフ

❶▶ would like O to *do*「O に…してほしいと考える」

❶▶ see O as C「O を C と見なす」

❶▶ role model「模範」

❷▶ newsletter「ニュースレター，学級新聞」

❸▶ come to *do*「…するようになる」

設問解説

問 1　【意見の共通点と相違点を把握する】　　21　　正解：②　標準　

> 　　ヨーコもジェフも　21　ということについて言及していない。
> ① 「アメリカの大学生にはたくさんの宿題がある」
> ② 「日本の学生はアメリカの学生の 4 倍の時間勉強する」
> ③ 「日本の学生の中には学術論文を書かずに卒業する者もいる」
> ④ 「一部のアメリカの大学図書館は 24 時間開いている」

　いずれのレポートでも述べられていない②が正解。①はジェフの　第2パラグラフ ❸で，③はヨーコの　第2パラグラフ ❷で，④はジェフの　第2パラグラフ ❺でそれぞれ言及されているため，誤り。

問 2　【意見の共通点と相違点を把握する】　　22　　正解：④　標準　

> 　　ヨーコもジェフも日本の学生は　22　べきだと言っている。
> ① 「クラブ活動に参加する時間をとる」
> ② 「就職面接の準備をする」
> ③ 「働くことに時間を費やす」

164

④「もっと勉強する」

ヨーコの **第3パラグラフ** ❶やジェフの **第4パラグラフ** ❸など，レポート全体から読み取れる④が正解。①，②，③は本文に記述がないため，誤り。

問3 【レポートの内容を正確に読み取る】　23　正解：②　やや易

レポートによると，日本の学生の方が勉強に時間をかけない理由の1つは，23 ということだ。
①「彼らが卒業するのに苦労する」
②「彼らが忙しい」
③「彼らが勤勉である」
④「彼らが怠けている」

ヨーコの **第2パラグラフ** ❸より，②が正解。③はジェフの **第1パラグラフ** ❷に日本人が勤勉であるという内容の記述はあるが，勉強に時間をかけない理由ではないため，誤り。①，④は本文に記述がないため，誤り。

問4 【レポートの概要とグラフの内容を読み取る】
　24　・　25　正解：②・⑥　やや難　思

レポートとグラフによると，以下のうち正しいものはどれか。（2つの選択肢を選びなさい。順番は問わない。）　24　・　25
①「アメリカでは，すべての学生が少なくとも時々は勉強する。」
②「日本の学生とアメリカの学生は同じくらい忙しい。」
③「日本の学生は勉強の一部としてボランティア活動をする。」
④「日本の学生は外国語の勉強をしなければならない。」
⑤「週に6～10時間勉強する日本の学生の割合は20％を超えている。」
⑥「週に11時間以上勉強するアメリカの学生の割合が最も大きい。」

ヨーコの **第3パラグラフ** ❺より，②が正解。グラフより，週に11時間以上勉強するアメリカの学生の割合が58.4％と最も高いため，⑥も正解。①はグラフより，0.3％とわずかであるがアメリカにもまったく勉強しない学生もいるため，誤り。⑤はグラフに反し，誤り。③，④は本文に記述がないため，誤り。

問5 【レポートを読み，その要約として適切なタイトルを選ぶ】

26 **正 解**：② やや難 思

> 両方のレポートの情報に基づいて，あなたは宿題として要約を書くことになっている。あなたの要約の最も良いタイトルは， 26 である。
> ① 「アメリカの大学図書館—勤勉な学生の支援」
> ② 「比較：アメリカと日本の学生の勉強時間」
> ③ 「発表：アメリカの学生に，より一生懸命勉強することを促す」
> ④ 「日本の教育システムとその問題点」

両レポートはともに，日本とアメリカの大学生の勉強時間について比較しながら書かれているため，②が正解。なお，ヨーコの **第2パラグラフ ❷** で日本の教育システムとその問題について触れられてはいるものの，ジェフのレポートにはそのような内容の記述がないため，④は要約の最も良いタイトルとは言えない。

>**日本語訳**

導入 授業で，全員が以下のグラフに基づきレポートを書いた。次にあなたはヨーコとジェフによって書かれたレポートを読む。

以下はアメリカと日本の大学1年生に対して行われた調査の結果である。

グラフ

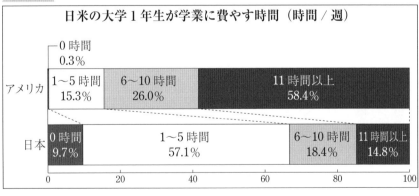

ヨーコ・タナカ

第1パラグラフ ❶ 一部の日本の大学生がまったく勉強していないのは，私にとって驚くべきことではなかった。❷ 東京で大学生をしている私の友達のほとんどが，試験前しか勉強しない。❸ 彼らがアメリカの学生ほど勉強しないのにはいくつかの理由がある。

第2パラグラフ ❶ 第一に，日本ではいったん大学に入ると，卒業するのはずっと簡単だということだ。❷ 極端な場合，テストを受けたり，学術論文を書いたりさえもせずに卒業できてしまう学生もいる。❸ 第二に，ほとんどの日本の大学生が，勉強以外のことをするのにとても忙しいということだ。❹ たとえば，日本企業で働きたい学生はたくさんの就職面接を学生の間に受けなければならない。❺ 20社以上に応募し，50回もの就職面接を受ける学生がいても珍しいことではないそうだ。

第3パラグラフ ❶ これは日本の学生にとって良いことでないと私は考える。❷ 学生が勉強する時間がとれるのは今であり，今しかない。❸ 卒業後，彼らは勉強する時間をそれほど多くはとれない。❹ だから私は，彼らの前で発表することによって，このことを日本の学生に伝えたい。❺ アメリカの学生が同じくらい忙しいにもかかわらず，最大で日本の学生の4倍の時間勉強できていることを忘れてはならないと強調するつもりだ。❻ そうすれば，彼らもできる。

ジェフ・ベック

第1パラグラフ ❶ 10%もの日本の大学1年生がまったく勉強していないことに驚いた。❷ 日本人がとても勤勉であるという固定観念があるため，日本の学生ならもっと長い時間勉強していると思っていたのだ。

第2パラグラフ ❶ グラフに示されているように，アメリカの大学生は一般的に非常に熱心に勉強する。❷ これは，一生懸命勉強しないとアメリカの大学を卒業するのは難しいからだ。❸ アメリカの大学生には日々大量の課題があり，外国語の学習もしなければならない。❹ もし他の学生についていけなくなると，退学の危機に直面する。❺ だからほとんどのアメリカの大学生が毎日夜遅くまで勉強しているし，一部の大学の図書館は24時間開いている。

第3パラグラフ ❶ アメリカの大学生が熱心に勉強するのは良いことだと思う。なぜなら学生の本分は勉強することであり，他のどんなものでもないからだ。❷ また，私が知る限り多くのアメリカの大学生は，クラブ活動や地域社会でのボランティア活動のような学校外での他の活動を楽しんでいる。

第4パラグラフ ❶ 私は日本の大学生にアメリカの学生を良い模範だと思ってほしい。❷ このために，私は日本の大学生に向けてニュースレターを書くつもりだ。❸ 多くの日本の学生が，私のニュースレターを読んだ後に勉強をすることが自分の本分であると気づき，もっと多くの時間を勉強を楽しむことに費やすようになることを願っている。

文章を読み，出来事を時系列に整理する問題 標準

イントロダクション

　「カーネル・サンダースの生涯」についての文章を読み，出来事を整理するとともに，文章全体から読み取れる概要を把握する問題。

語句・文法

導入
▶ entitled A「Aという題名の」

第1パラグラフ
❷▶ pass away「亡くなる」
❷▶ raise O「Oを育てる」
❸▶ including A「Aを含んで」＊具体例を挙げる表現。
❸▶ streetcar conductor「路面電車の車掌」
❸▶ insurance salesperson「保険の外交員」
❹▶ gas station「ガソリンスタンド」
❹▶ due to A「Aが理由で」
❹▶ the Great Depression「大恐慌」

第2パラグラフ
❶▶ called Sanders Café は a small restaurant を修飾する過去分詞句。
❶▶ next to A「Aの隣に」
❷▶ manager「経営者，管理者」
❷▶ clerk「店員，レジ係」
❹▶ expand O「Oを拡大する」
❹▶ honor O「Oを称える」

第3パラグラフ
❷▶ rebuild O「Oを再建する」
❷▶ capacity「収容能力」
❹▶ hand O down / hand down O「Oを伝える」
❺▶ register O「Oを登録する」
❺▶ historical「歴史的な」

第4パラグラフ
❶▶ wagon「バン」
❷▶ in return「見返りに」
❸▶ franchising「フランチャイズ」

❺▶ adopt O「O を採り入れる」

❻▶ franchise restaurant「フランチャイズのレストラン」

❻▶ called Kentucky Fried Chicken (KFC) は franchise restaurants を修飾する過去分詞句。

❻▶ A followed by B「A に続いて B」

第❺パラグラフ

❶▶ retire「引退する」

❷▶ see if S V ...「…かどうか確かめる」

設問解説

問1 【サンダースの生涯を時系列に把握して整理する】　標準　

| 27 | 正解：④ | / | 28 | 正解：③ | / | 29 | 正解：① |
| 30 | 正解：⑥ | / | 31 | 正解：⑤ |

　　あなたのグループのメンバーがサンダースの生涯における重要な出来事を挙げた。起こった 5 つの出来事を選び，それを起こった順に 27 〜 31 の空欄に入れなさい。
　①「サンダースはレストランを閉店した。」
　②「サンダースはレストランの規模を縮小した。」
　③「サンダースはサンダース・カフェを立ち上げた。」
　④「サンダースはたくさんの仕事をした。」
　⑤「サンダースは KFC の権利を売却した。」
　⑥「サンダースはバンで国中を旅した。」

　　第❶パラグラフ ❶にサンダースは 1890 年生まれとあるため，1900 年代から 1920 年代においては 10 代から 30 代であったとわかる。年代順に表の空欄を見ていくと，10 代から 30 代に該当する 27 には 第❶ パラグラフ ❸より④が，40 代から 50 代に該当する 28 には 第❷ パラグラフ ❶より③が，60 代以降に該当する 29 → 30 → 31 には 第❹パラグラフ ❶より①→⑥，第❺パラグラフ ❶より⑤がそれぞれ入る。

問2 【数字を含む情報を正確に整理する】

| 32 ・ 33 | 正解：③・⑤ | |

　　ポスターを完成させるのに最も適切な記述を 2 つ選びなさい。（順番は問わない。） 32 ・ 33
　①「レストランの数が 1937 年に 142 店舗に達した。」

②「レストランの数が 1939 年に 147 店舗に達した。」
③「レストランの数が 1960 年に 400 店舗に達した。」
④「レストランの数が 1964 年に 1,000 店舗に達した。」
⑤「レストランの数が 1969 年に 3,500 店舗を超えた。」
⑥「レストランの数は 1930 年にはわずか 6 店舗であった。」

第4 パラグラフ ⑥ より，③,⑤が正解。①,⑥の数字「142」「6」は 第3 パラグラフ ①， 第2 パラグラフ ② より，それぞれ店舗数ではなく席数であるとわかるため，誤り。②の数字「147」は 第3 パラグラフ ② より，店舗数ではなく収容人数であるとわかるため，誤り。④は 第4 パラグラフ ⑥ より，1964 年の店舗数は 1,000 ではなく 600 であるため，誤り。

問3 【KFC の成功の理由を読み取る】　　34　　正解：④　標準　思

　　　KFC を成功に導いたのは以下のうちおそらくどれか。　34
　①「様々な種類のフライドチキンを作ること」
　②「機械でフライドチキンを作ること」
　③「調理の際に使われる食材の種類を限定すること」
　④「レシピを見せて見返りに金銭を得ること」

　ポスターには成功の理由として「サンダースは効果的なビジネスモデルを採用した」とあり， 第4 パラグラフ ⑤ にはサンダースが「この手法を採用して大きな成功を収めた」とある。「この手法」とは，同④のフランチャイズというビジネスモデルのことであり，その具体的な説明は同②に書かれている。よって， 第4 パラグラフ ②の内容と一致する④が正解。①，②，③は本文に記述がないため，誤り。

問4 【具体的な記述を抽象化して整理する】
　　35　・　36　　正解：③・④　標準　思

　　　ポスターを完成させるのに最も適切な記述を 2 つ選びなさい。（順番は問わない。）　35　・　36
　①「彼は毎日フライドチキンを食べ続けた。」
　②「彼は趣味で様々な国へ旅をし続けた。」
　③「彼は 30 代で事業に失敗したが，一生懸命仕事をし続けた。」
　④「彼はレストランが火事で損害を受けた後，それを再建した。」
　⑤「彼は幼い頃兄弟姉妹の世話をした。」
　⑥「彼は生涯同じ会社で働いた。」

170

ポスターより，| 35 |・| 36 |にはサンダースの忍耐強さを示すエピソードが入る。 **第❶パラグラフ** ❹より彼が 30 代で事業に失敗したことがわかるが， **第❷パラグラフ** ❶以降の記述によってその後も事業を継続したことがわかる。これは忍耐強さを表すエピソードと言えるため，③が正解。また， **第❸パラグラフ** ❷の記述も忍耐強さを示すエピソードと言えるため，これと一致する④も正解。①，②，⑤，⑥は本文に記述がないため，誤り。

分析編

解答・解説編

共通テスト・第1日程

予想問題・第1回

予想問題・第2回

予想問題・第3回

▶日本語訳

導入 あなたのグループは，以下の雑誌記事の情報を使いながら「世界のファストフード産業を作った人物」という題のポスター発表の準備をしている。

第❶パラグラフ ❶ カーネル・ハーランド・サンダースは 1890 年 9 月 9 日，インディアナ州のヘンリービルで生まれた。❷ 彼の父は彼が 6 歳のときに他界し，母親は工場で働きながら彼と兄弟姉妹を育てた。❸ 彼は 10 歳のときに農場で働き始め，路面電車の車掌や保険の外交販売員を含む 40 種類以上の職業を経験した。❹ 30 代後半に，ケンタッキー州のニコラスビルでガソリンスタンドの経営を始めたが，大恐慌によりまもなく失敗した。

第❷パラグラフ ❶ 40 歳のとき，サンダースは客から勧められてガソリンスタンドの隣でサンダース・カフェという小さなレストランを始めた。❷ そのレストランにはわずか 6 席しかなく，彼はガソリンスタンドの経営者兼レストランのレジ係として働いた。❸ その便利な立地ゆえ，多くの人がレストランを訪れた。❹ 彼はレストランの規模を徐々に拡大し，1935 年には州知事のルビー・ラフーンから「ケンタッキー・カーネル」の名誉を与えられさえした。

第❸パラグラフ ❶ 1937 年，サンダース・カフェは 142 席の大きなレストランへと成長した。❷ 1939 年の火事の後，彼は 147 人を収容するレストランを再建した。❸ 当時最も売れていた商品がフライドチキンである。❹ カーネル・サンダースのフライドチキンの作り方はオリジナル・レシピとして 70 年以上にわたって受け継がれている。❺ 現在そのレストランはサンダース・カフェ・アンド・ミュージアムとして現存し，アメリカ合衆国の歴史的建造物として登録されている。

第❹パラグラフ ❶ 1952 年にレストランを閉店すると，カーネル・サンダースはアメリカ中，そしてカナダまでバンで旅をして回った。❷ 彼はフライドチキンのレシピを教え，その見返りにお金を受け取った。❸ このビジネスモデルは，フランチャイズと呼ばれる。❹ フランチャイズは新たなビジネスモデルとして 19 世紀にアメリカで一般的になっていた。❺ サンダースはこの手法を採用して大きな成功を収めた。❻ ケンタッキーフライドチキン（KFC）という名のフランチャイズレストランの数は増え，1960 年にはアメリカとカナダで 400 店舗に達した。その後，1964 年には 600 店舗になり，そしてついに 1969 年には 3,500 店舗を超えた。

❶1964年，カーネル・サンダースはKFCの権利をジョン・Y・ブラウン・ジュニアに売却し，引退した。❷しかし，彼はKFCの各店舗でフライドチキンの作り方が守られているかを確認するために，世界中の旅を続けた。❸彼は1980年12月16日，ケンタッキー州ルイビルにて，90歳で生涯の幕を閉じた。

世界のファストフード産業を作った人物

■カーネル・ハーランド・サンダースの生涯

時期	出来事
1890年代	サンダースはヘンリービルで子ども時代を過ごした。
1900年代～1920年代	27
1930年代～1940年代	28
1950年代以降	29 ↓ 30 ↓ 31

カーネル・ハーランド・サンダース

■KFCについて

▶サンダースは1930年にサンダース・カフェを始めた。
▶このレストランは規模を拡大した。： 32 33

■成功の理由：効果的なビジネスモデルと忍耐力

▶サンダースは効果的なビジネスモデルを採用した。： 34
▶サンダースは多くの点で忍耐強かったので成功した。
： 35 36

分析編

解答・解説編

共通テスト・第1日程

予想問題・第1回

予想問題・第2回

予想問題・第3回

第6問　記事の概要・要点や論理展開を把握する力，情報を整理する力，要約する力を問う問題

A　プレゼンテーションに向け，記事の情報を把握する問題　やや難

イントロダクション

　美術館での校外学習についての文章を読み，文同士の関係を意識し，全体の論理展開を把握しながら筆者の意見の概要を把握する問題。

語句・文法

導入
▶ field trip「校外学習」

タイトル
▶ benefit「メリット，利点」

第１パラグラフ
⑤▶ non-school「学校ではない」
⑦▶ from the viewpoint of A「Aの観点から」

第２パラグラフ
②▶ flexible「柔軟な」
②▶ works of art「芸術作品」
③▶ a piece of art「芸術作品」
③▶ blank mind「まっさらな頭」
⑤▶ appreciation for A「Aに対する鑑賞眼」
⑥▶ artworks「芸術作品」
⑦▶ gain O「Oを得る」
⑧▶ acquire O「Oを得る，Oを身につける」
⑨▶ making their lives rich は make O C「O を C にする」を用いた表現で，主節の内容を補足説明する分詞句。

第３パラグラフ
①▶ in addition「それに加えて，さらに」
①▶ opportunity「機会，きっかけ」

第４パラグラフ
①▶ on the other hand「一方で」
①▶ advantage「メリット，利点」
②▶ rely on A for B「BのことでAに頼る」
⑦▶ in terms of A「Aの観点から」
⑦▶ profit「利益」
⑧▶ give O out / give out O「Aを配る」

❽▶ free-parking pass「無料駐車券」

❽▶ encourage O to *do*「O に…するよう促す」

❾▶ who were given passes は students を先行詞とする関係代名詞節。

第5パラグラフ

❷▶ interact with A「A と交流する」

❸▶ employee「従業員」

❸▶ that we have never thought of before は questions を先行詞とする関係代名詞節。

❹▶ stimulating「刺激的な」

第6パラグラフ

❶▶ as you can see「御覧のとおり」

❷▶ with these advantages in mind は with O C「O が C の状態で」を用いた表現で，「こうしたメリットが頭の中にある状態で」＝「こうしたメリットを念頭に置いて」という意味。

▶**設問解説**◀

問1 【一般論と筆者の意見を区別する】　　37　　**正解**：③　標準

> 　記事によると，筆者は美術館での校外学習は生徒にとって価値があると考えている。なぜなら　37　からだ。
> ①「それらは生徒が校外でリラックスすることを可能にする」
> ②「それらは生徒が芸術家に直接会うことを可能にする」
> ③「それらは芸術作品を評価する能力を生徒に与える」
> ④「それらは生徒が絵画の技術を育むことを可能にする」

第2パラグラフ ❹，❺より，③が正解。本文の appreciation for works of art「芸術作品に対する鑑賞眼」が，選択肢では the ability to evaluate artworks「芸術作品を評価する能力」と言い換えられている。①は **第1パラグラフ** ❺で言及されているが，筆者の考えではないため，誤り。②，④は本文に記述がないため，誤り。

問2 【美術館についての情報を読み取る】　　38　　**正解**：①　やや難

> 　記事によると，美術館は　38　。
> ①「美術館での校外学習からお金を儲けることができる」
> ②「お金に関してはほとんど広告主に頼っている」
> ③「好奇心旺盛で生徒に質問をする職員を抱えている」
> ④「芸術に関心のある生徒だけに来てほしいと考えている」

174

第❹パラグラフ ❸より，①が正解。②は同❷に，④は同❻，❼に反し，それぞれ誤り。③は本文に記述がないため，誤り。

問3 【抽象的な記述と具体的な記述の関係を把握する】

| 39 | **正解**：① | やや難 | 思 |

> 　　パラグラフ［4］で筆者が来訪客の割合について言及したのは，おそらく 39 についての例を挙げるためである。
> ① 「駐車券を配ることがどれほど有効か」
> ② 「どれほど多くの人が車で美術館を訪れるか」
> ③ 「生徒の芸術に対する関心の高まり」
> ④ 「どのような種類の生徒が美術館を再び訪れるか」

　　第❹パラグラフ ❾では，ある美術館で無料の駐車券を配った結果として，60％の生徒が再び来訪したというデータを示している。この文は，前文である同❽の「無料駐車券が利益増加につながる」という内容について，具体的な根拠を示したものだと考えられる。①が正解。英文は「抽象から具体へ」という流れになることが多い。前後の文のつながりを意識したい。

問4 【文章全体を要約する】　　| 40 | **正解**：③ | やや難 | 思 |

> 　　以下の記述のうち，記事を最もよく要約しているものはどれか。| 40 |
> ① 「美術館での校外学習は自分が様々な時代の人々とどう関わっているかを知るのを促すため，生徒にとって良い。」
> ② 「非営利団体として，美術館はその属する社会に対して価値を提供するようにすべきだ。」
> ③ 「美術館での校外学習についての一般的な考えは別として，美術館の校外学習には生徒と美術館の両方にとって他にも多くのメリットがある。」
> ④ 「社会にとっての価値があるため，もっと多くの生徒が美術館での校外学習に参加するよう促すのは美術館の義務だ。」

　　文章全体を見渡す。まず，**第❶パラグラフ** では美術館の校外学習についての一般論を紹介している。次に，**第❷パラグラフ** から **第❸パラグラフ** にかけては生徒にとっての美術館での校外学習の利点を述べている。そして，**第❹パラグラフ** と **第❺パラグラフ** では美術館にとっての利点を述べている。文章全体を通して，美術館での校外学習のメリットについて述べられていることがわかるため，③が正解。①，②，④は本文に記述がないため，誤り。

導入　あなたは授業に向けて，美術館での校外学習についてのグループ発表をする準備をしている。あなたは以下の記事を見つけた。

美術館での校外学習のメリットは何か

第1パラグラフ　❶高校生が学ぶ場所は学校だけではない。❷美術館は彼らが学ぶもう１つの場所だ。❸多くの人が美術館での校外学習のメリットについて語る。❹例えば，学校では学べないことを学ぶことができると言う人もいる。❺また，学校ではない環境でリラックスして学ぶ方法だと言う人もいる。❻しかし，美術館における校外学習のメリットは，一言で表現できるものではない。❼この記事では，生徒と美術館双方の観点から美術館での校外学習のメリットについて考えてみたい。

第2パラグラフ　❶生徒は美術館に行くことで芸術作品に対する関心を高めることができる。❷生徒は若くて考えも柔軟なため，芸術作品に対しても柔軟な見方をすることが多い。❸例えば，ある芸術作品を見るとき，大人はまっさらな頭でそれを見ることができない。❹しかし，生徒は自分の見たままにその作品を評価することができる。❺その結果として，生徒は芸術作品に対する鑑賞眼を養うことができる。❻また，生徒は芸術作品の歴史や芸術家たちの生涯についての知識を作品とその解説を通して身につけることができる。❼実際に目の前に作品があると，知識をうまく身につけることができる。❽こうして身につけた知識は，彼らのかけがえのない教養の一部となる。❾それは生涯を通して生徒とともにあり，生徒の人生を豊かなものにしてくれる。

第3パラグラフ　❶さらに，美術館での校外学習は生徒にとって芸術の世界に入るきっかけとなるかもしれない。❷様々な芸術作品を見ることで，自分も絵を描いたり，彫刻をしたり，その他の表現をしたいと考える生徒もいるかもしれない。❸いつの日か，その生徒の何人かが素晴らしい芸術作品を世に送り出すようになるかもしれない。

第4パラグラフ　❶一方で，美術館にとっても，美術館での校外学習にはメリットがある。❷美術館はその収入をチケットの売り上げに頼っている。❸美術館に学校から生徒が集団で訪問することで，まとまったお金が美術館に入る。❹もちろん，広告を出して一般の人たちの訪問に期待することもできる。❺しかし，その場合は芸術に興味のある人にしか来てもらえない。❻校外学習の場合は，まったく芸術に興味のない生徒も来ることになる。❼このことは利益という観点からは美術館にとって非常に助けとなる。❽さらに，美術館は生徒に無料駐車券を配り，家族とともに再来訪するよう促すことで，利益をもっと上げることができる。❾実際，ある美術館が駐車券を配ったところ，60％の生徒が再訪問したというデータがある。

第5パラグラフ　❶美術館の職員にとっても美術館の校外学習にはメリットがある。❷若くて活発な生徒と出会い，交流し，彼らの質問に答えることは，美

術館の職員にとって刺激的で楽しいことだ。❸ある美術館の職員は言った。「若い生徒さんたちは，時に私たちが考えたこともなかったような質問をします。❹答えるのに多くの文献を調べないといけないこともあり，とても刺激になっています」

第❻パラグラフ ❶これまで見てきたように，美術館での校外学習には多くのメリットがある。❷このようなメリットを念頭に置いて教育の計画を作り上げていくことが大切だ。

分析編

解答・解説編

共通テスト・第1日程

予想問題・第1回

予想問題・第2回

予想問題・第3回

B ある研究に関する記事の情報を把握する問題　　やや難

イントロダクション

　チンパンジーとボノボの道具の使い方に関する文章を読み，内容を要約するとともに，情報を整理する問題。比較的難しい表現も含まれているが，先天と後天という二項対立的な構造を見抜ければ，ぐんと読みやすくなるはずだ。

語句・文法

導入
- ▶ chimpanzee「チンパンジー」
- ▶ bonobo「ボノボ」
- ▶ note「メモ」

パート1
- ❶▶ tool-using「道具を使う」
- ❸▶ It is not too much to say that S V ...「…と言っても過言ではない」
- ❹▶ come to *do*「…するようになる」
- ❹▶ mystery「謎」
- ❺▶ human evolution「人間の進化」
- ❺▶ a key one は，a key question ということ。
- ❻▶ lie in A「A にある」
- ❻▶ close relative「近い親戚」
- ❿▶ stick「棒」
- ⓬▶ grooming「毛づくろい」
- ⓭▶ rarely「めったに…ない」

パート2
- ❶▶ arise「生じる」
- ❷▶ nature「生まれつき，生まれつきの性質」
- ❷▶ environment「環境」
- ❸▶ colleague「同僚，共同研究者」
- ❸▶ conduct O「O を行う」

❺▶ check if ... 「…かを調べる」

❺▶ that could be used as tools は any things を先行詞とする関係代名詞節。

❼▶ see if ... 「…かを確かめる」

❽▶ in addition 「それに加えて」

❽▶ explore O 「O を探る」

❾▶ this is how ... 「このようにして…」

❾▶ see whether ... 「…かを確かめる」

❾▶ they are born with は something を修飾する形容詞節。

❾▶ be born with A 「A を持って生まれる」

パート3

❶▶ be related to A 「A に関係している」

❷▶ opportunity to *do* 「…する機会」

❸▶ territory 「縄張り」

❹▶ interact with A 「A と交流する」

❻▶ in which they could learn to use tools from others は an environment を先行詞とする関係代名詞節。

❿▶ be thought to *do* 「…すると考えられている」

❿▶ play a ... role in A 「A において…な役割を果たす」

設問解説

問1 【複数の文をまとまりのあるものとして捉え，その内容を要約する】

| 41 | **正解**：② ／ | 42 | **正解**：① ／ | 43 | **正解**：③ |

やや易　思

> 　　パート 1，2，3 の見出しとして最も適切なのは，それぞれ　41　，　42　，
> 　43　である。（選択肢は 1 度しか用いてはいけない。）
> ① 「行われた研究の説明」
> ② 「チンパンジーとボノボの道具使用における違い」
> ③ 「チンパンジーとボノボの違いの原因についての研究結果」
> ④ 「ボノボと人間の道具使用における類似点」

　　パート1　ではチンパンジーとボノボの違いについて述べられているため，　41　には②が入る。　パート2　ではボノボとチンパンジーを追跡した調査について説明しているため，　42　には①が入る。　パート3　にはその調査結果が述べられているため，　43　には③が入る。④は本文に記述がないため，誤り。

問2 【共通点と類似点を正確に読み取り，情報を整理する】　やや難　思

| 44 ・ 45 | **正解**：①・⑤ ／ | 46 ・ 47 | **正解**：②・⑥ |

　　　以下のうち，記事で述べられているチンパンジーとボノボの間の共通点は
　　 44 ・ 45 であり，一方で相違点は 46 ・ 47 である。(44 と
45，46 と 47 の順番は問わない。)
　①「食べ物を入手する機会」
　②「道具を使用する生まれつきの性質」
　③「子どもの数」
　④「食べる食料の種類」
　⑤「使える道具の数」
　⑥「母親と過ごす時間」

　①は パート3 ❸より，共通点，②は同❽より，相違点，⑤は同❸より，共通点，
⑥は同❺より，相違点であるとわかる。 44 ・ 45 には①，⑤が， 46 ・
47 には②，⑥がそれぞれ入る。③，④は本文に記述がないため，誤り。

問3 【文章全体の論理展開を把握し，要約する】
48 　正解：① やや難 思

　　　この記事は主に 48 について議論している。
　①「チンパンジーとボノボの違い，および，生まれつきの要因が人間の道具使
　　用を促すことにおいてどれほど重要な役割を果たしているか」
　②「チンパンジーとボノボが，道具の効果的な使い方において人間と異なる理
　　由」
　③「チンパンジーの方がボノボよりも道具を使うのがうまいが，人間ほどはう
　　まくない理由」
　④「チンパンジーとボノボの類似点，および，環境におけるそれらの相違点」

　文章全体を通してチンパンジーとボノボの違いについて言及している。
また， パート3 でチンパンジーとボノボの道具使用の違いを生み出すの
は生まれつきの要因であると指摘し，この研究結果が人間の道具使用にお
いても生まれつきの要因が関係することを示唆していると結論付けている。
①が正解。②，③は本文ではそもそも類人猿と人間を比較していないため，
誤り。④は パート3 の結論部分や環境以外の相違点の内容が欠けている
ため，要約としては不十分である。

導入　あなたは人間の道具使用についてグループ発表の準備をしている。あなたはチンパンジーとボノボの主な違いについての記事を見つけた。あなたはその記事を読み，メモを取る。

パート1　❶人間は，道具を使用する動物だ。❷私たちは日常生活において，ナイフとフォークからコンピューターに至るまで，あらゆるものを使用する。❸私たちがうまくやっているのは道具を使うことができるからだと言っても過言ではない。❹しかしながら，どのようにして人間が道具を使用するようになったのかは謎のままである。❺イギリスのケンブリッジ大学の人間進化についての研究者，カテリーナ・クープス博士は言う。「『何が道具使用者を生み出すのか』という問いは，人間の進化における重要な問いだ」❻この疑問に対する答えは，人間に最も近い親戚であるチンパンジーとボノボの違いにあるのかもしれない。❼チンパンジーとボノボはとても似ているが，ある大きな違いがある。❽その違いとは，道具を使用するかどうかである。❾チンパンジーは，積極的に道具を使う。❿例えば，チンパンジーは棒を使って，アリや他の昆虫を「釣る」ことができる。⓫また，チンパンジーは石を使って，堅いナッツを割ることもできる。⓬チンパンジーはコミュニケーションや毛づくろいにさえも道具を使う。⓭一方で，ボノボはめったに道具を使わない。⓮ボノボは食料を手に入れようとするときを含めてめったに道具を使用しない。

パート2　❶ここで疑問が生じる。❷このようなチンパンジーとボノボの道具使用の違いは，生まれつきのものだろうか，それとも環境によるものだろうか。❸この疑問に答えるため，クープスは京都大学の研究者たちとともに，とても大変な調査をアフリカのコンゴとウガンダで行った。❹彼女たちは数か月の間，チンパンジーとボノボを追跡した。❺調査の間に，彼女たちはチンパンジーとボノボの周りに道具として使える可能性のあるものがあるかどうかを調べた。❻彼女らはまた，それらの類人猿が他者と関わる様子を観察した。❼そうすることで，彼女たちは，環境が道具の使用における重要な要素になっているかどうかを確かめようとした。❽それに加えて，これらの幼い類人猿がどのくらいの頻度で道具を使用するかについても探った。❾このようにして，違いが生まれつきのものによるかどうかを確かめようとした。

パート3　❶調査の結果，道具使用における違いは環境とは関係のないことがわかった。❷第一に，チンパンジーもボノボも道具を使う同様の機会があった。❸両者の縄張りの中に，同じくらいの数の道具と食料があった。❹第二に，ボノボは他者と関わることがチンパンジーよりも多かった。❺さらに幼いボノボは幼いチンパンジーよりも母親と過ごす時間が長かった。❻このように，ボノボには道具の使用を他者から学ぶことができる環境があった。❼しかし，ボノボはやはり道具を使用しなかった。❽このことは，ボノボとチンパンジーの間に生まれつきの道具使用に関する違いがあることを意味している。❾この調査は，人間もチンパンジーのように道具を使用する生まれつきの性質を持って生まれてくること

を示している。❿この生まれつきの性質が，人間の道具使用において大きな役割を果たしていると考えられる。

　　41　〜　48　を埋めてメモを完成させなさい。

メモ

概要：

　　パート1：　　　41

　　パート2：　　　42

　　パート3：　　　43

表：チンパンジーとボノボの比較

共通点	相違点
44 , 45	46 , 47

要点：　　　48

分析編

解答・解説編

共通テスト・第1日程　予想問題・第1回　予想問題・第2回

予想問題・第3回

MEMO

MEMO

宮下　卓也（みやした　たくや）

　河合塾英語科講師。1980年生まれ。東京大学卒業。高1〜高3の現役生・既卒生を対象に，基礎クラスから東大・京大・医学部などの最難関クラスまで幅広く担当している。日々受験指導をするかたわら，河合塾の講座テキスト作成チーム・全国模試作成チームのメンバーとして教材や模擬試験の作成にも力を入れている。さらに，共通テストにも精通しており，共通テストの対策講座や学習法講演会など，活動は多岐にわたっている。構文を重視した論理的な授業は，「とにかくわかりやすい」「実際に成績があがる」と評判で，毎年数多くの受験生を合格に導いている。『単語を覚えたのに読めない人のための英文読解のオキテ55』（KADOKAWA）など著書多数。

かいていばん　だいがくにゅうがくきょうつう
改訂版　大学入学共通テスト
えいご　　　　　　　　　　　　　　よそうもんだいしゅう
英語［リーディング］予想問題集

2021年7月27日　初版発行
2022年1月15日　3版発行

著者／宮下　卓也
みやした　たくや

発行者／青柳　昌行

発行／株式会社KADOKAWA
〒102-8177　東京都千代田区富士見2-13-3
電話　0570-002-301（ナビダイヤル）

印刷所／株式会社加藤文明社印刷所

©Takuya Miyashita 2021　Printed in Japan
ISBN 978-4-04-605187-5　C7082

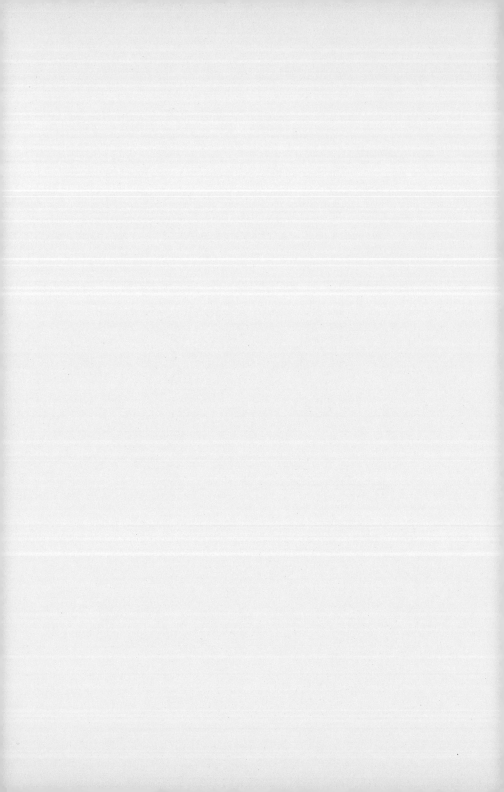

改訂版　大学入学共通テスト
英語［リーディング］予想問題集　別冊もくじ

別　冊

問 題 編

2021 年 1 月実施　共通テスト・第 1 日程 …………………………… 3
予想問題・第 1 回 ………………………………………………… 37
予想問題・第 2 回 ………………………………………………… 71
予想問題・第 3 回 ……………………………………………… 105

本　冊

分 析 編

共通テストはセンター試験とここが違う
共通テスト・第 1 日程の大問別講評
共通テストで求められる学力
共通テスト対策の具体的な学習法

解 答・解 説 編

2021 年 1 月実施　共通テスト・第 1 日程　解答／解説
予想問題・第 1 回　　　解答／解説
予想問題・第 2 回　　　解答／解説
予想問題・第 3 回　　　解答／解説

2021年1月実施

共通テスト・
第1日程

100点／80分

A Your dormitory roommate Julie has sent a text message to your mobile phone with a request.

Help!!!
Last night I saved my history homework on a USB memory stick. I was going to print it in the university library this afternoon, but I forgot to bring the USB with me. I need to give a copy to my teacher by 4 p.m. today. Can you bring my USB to the library? I think it's on top of my history book on my desk. I don't need the book, just the USB. ♡

Sorry Julie, I couldn't find it. The history book was there, but there was no USB memory stick. I looked for it everywhere, even under your desk. Are you sure you don't have it with you? I'll bring your laptop computer with me, just in case.

You were right! I did have it. It was at the bottom of my bag. What a relief!
Thanks anyway. ☺

問1　What was Julie's request?　□1□

① To bring her USB memory stick
② To hand in her history homework
③ To lend her a USB memory stick
④ To print out her history homework

問2　How will you reply to Julie's second text message?　□2□

① Don't worry. You'll find it.
② I'm really glad to hear that.
③ Look in your bag again.
④ You must be disappointed.

問題編

共通テスト・第1日程

予想問題・第1回

予想問題・第2回

予想問題・第3回

B Your favorite musician will have a concert tour in Japan, and you are thinking of joining the fan club. You visit the official fan club website.

TYLER QUICK FAN CLUB

Being a member of the **TYLER QUICK (TQ)** fan club is so much fun! You can keep up with the latest news, and take part in many exciting fan club member events. All new members will receive our New Member's Pack. It contains a membership card, a free signed poster, and a copy of **TQ**'s third album *Speeding Up*. The New Member's Pack will be delivered to your home, and will arrive a week or so after you join the fan club.

TQ is loved all around the world. You can join from any country, and you can use the membership card for one year. The **TQ** fan club has three types of membership: Pacer, Speeder, and Zoomer.

Please choose from the membership options below.

What you get (♫)	Membership Options		
	Pacer ($20)	Speeder ($40)	Zoomer ($60)
Regular emails and online magazine password	♫	♫	♫
Early information on concert tour dates	♫	♫	♫
TQ's weekly video messages	♫	♫	♫
Monthly picture postcards		♫	♫
TQ fan club calendar		♫	♫
Invitations to special signing events			♫
20% off concert tickets			♫

◇ Join before May 10 and receive a $10 discount on your membership fee!

◇ There is a $4 delivery fee for every New Member's Pack.

◇ At the end of your 1st year, you can either renew or upgrade at a 50% discount.

Whether you are a Pacer, a Speeder, or a Zoomer, you will love being a member of the **TQ** fan club. For more information, or to join, click *here*.

問1　A New Member's Pack ☐ 3 ☐.

① includes TQ's first album

② is delivered on May 10

③ requires a $10 delivery fee

④ takes about seven days to arrive

問2　What will you get if you become a new Pacer member? ☐ 4 ☐

① Discount concert tickets and a calendar

② Regular emails and signing event invitations

③ Tour information and postcards every month

④ Video messages and access to online magazines

問3　After being a fan club member for one year, you can ☐ 5 ☐.

① become a Zoomer for a $50 fee

② get a New Member's Pack for $4

③ renew your membership at half price

④ upgrade your membership for free

問題編

共通テスト・第1日程

予想問題・第1回

予想問題・第2回

予想問題・第3回

A As the student in charge of a UK school festival band competition, you are examining all of the scores and the comments from three judges to understand and explain the rankings.

Judges' final average scores				
Qualities ⟋ Band names	Performance (5.0)	Singing (5.0)	Song originality (5.0)	Total (15.0)
Green Forest	3.9	4.6	5.0	13.5
Silent Hill	4.9	4.4	4.2	13.5
Mountain Pear	3.9	4.9	4.7	13.5
Thousand Ants	(did not perform)			

Judges' individual comments	
Mr Hobbs	Silent Hill are great performers and they really seemed connected with the audience. Mountain Pear's singing was great. I loved Green Forest's original song. It was amazing!
Ms Leigh	Silent Hill gave a great performance. It was incredible how the audience responded to their music. I really think that Silent Hill will become popular! Mountain Pear have great voices, but they were not exciting on stage. Green Forest performed a fantastic new song, but I think they need to practice more.
Ms Wells	Green Forest have a new song. I loved it! I think it could be a big hit!

> **Judges' shared evaluation** (summarised by Mr Hobbs)
>
> Each band's total score is the same, but each band is very different. Ms Leigh and I agreed that performance is the most important quality for a band. Ms Wells also agreed. Therefore, first place is easily determined.
>
> To decide between second and third places, Ms Wells suggested that song originality should be more important than good singing. Ms Leigh and I agreed on this opinion.

問1 Based on the judges' final average scores, which band sang the best?
 6

① Green Forest
② Mountain Pear
③ Silent Hill
④ Thousand Ants

問2 Which judge gave both positive and critical comments? 7

① Mr Hobbs
② Ms Leigh
③ Ms Wells
④ None of them

問題編

共通テスト・第1日程

予想問題・第1回

予想問題・第2回

予想問題・第3回

問3 One **fact** from the judges' individual comments is that 　8　 .

① all the judges praised Green Forest's song
② Green Forest need to practice more
③ Mountain Pear can sing very well
④ Silent Hill have a promising future

問4 One **opinion** from the judges' comments and shared evaluation is that 　9　 .

① each evaluated band received the same total score
② Ms Wells' suggestion about originality was agreed on
③ Silent Hill really connected with the audience
④ the judges' comments determined the rankings

問5 Which of the following is the final ranking based on the judges' shared evaluation? 　10　

	1st	2nd	3rd
①	Green Forest	Mountain Pear	Silent Hill
②	Green Forest	Silent Hill	Mountain Pear
③	Mountain Pear	Green Forest	Silent Hill
④	Mountain Pear	Silent Hill	Green Forest
⑤	Silent Hill	Green Forest	Mountain Pear
⑥	Silent Hill	Mountain Pear	Green Forest

B You've heard about a change in school policy at the school in the UK where you are now studying as an exchange student. You are reading the discussions about the policy in an online forum.

— ⬜ ✕

New School Policy < Posted on 21 September 2020 >
To: P. E. Berger
From: K. Roberts

Dear Dr Berger,

On behalf of all students, welcome to St Mark's School. We heard that you are the first Head Teacher with a business background, so we hope your experience will help our school.

I would like to express one concern about the change you are proposing to the after-school activity schedule. I realise that saving energy is important and from now it will be getting darker earlier. Is this why you have made the schedule an hour and a half shorter? Students at St Mark's School take both their studies and their after-school activities very seriously. A number of students have told me that they want to stay at school until 6.00 pm as they have always done. Therefore, I would like to ask you to think again about this sudden change in policy.

Regards,
Ken Roberts
Head Student

Re: New School Policy < Posted on 22 September 2020 >
To: K. Roberts
From: P. E. Berger

Dear Ken,

Many thanks for your kind post. You've expressed some important concerns, especially about the energy costs and student opinions on school activities.

The new policy has nothing to do with saving energy. The decision was made based on a 2019 police report. The report showed that our city has become less safe due to a 5% increase in serious crimes. I would like to protect our students, so I would like them to return home before it gets dark.

Yours,
Dr P. E. Berger
Head Teacher

問1 Ken thinks the new policy 　11　.

① can make students study more

② may improve school safety

③ should be introduced immediately

④ will reduce after-school activity time

問2 One **fact** stated in Ken's forum post is that 　12　.

① more discussion is needed about the policy

② the Head Teacher's experience is improving the school

③ the school should think about students' activities

④ there are students who do not welcome the new policy

問3 Who thinks the aim of the policy is to save energy? 　13　

① Dr Berger

② Ken

③ The city

④ The police

問題編

共通テスト・第1日程

予想問題・第1回

予想問題・第2回

予想問題・第3回

問 4　Dr Berger is basing his new policy on the **fact** that ☐ 14 ☐.

  ① going home early is important

  ② safety in the city has decreased

  ③ the school has to save electricity

  ④ the students need protection

問 5　What would you research to help Ken oppose the new policy? ☐ 15 ☐

  ① The crime rate and its relation to the local area

  ② The energy budget and electricity costs of the school

  ③ The length of school activity time versus the budget

  ④ The study hours for students who do after-school activities

第3問 （配点 15）

A You are planning to stay at a hotel in the UK. You found useful information in the Q&A section of a travel advice website.

I'm considering staying at the Hollytree Hotel in Castleton in March 2021. Would you recommend this hotel, and is it easy to get there from Buxton Airport? (Liz)

- -

Answer

Yes, I strongly recommend the Hollytree. I've stayed there twice. It's inexpensive, and the service is brilliant! There's also a wonderful free breakfast. (Click *here* for access information.)

Let me tell you my own experience of getting there.

On my first visit, I used the underground, which is cheap and convenient. Trains run every five minutes. From the airport, I took the Red Line to Mossfield. Transferring to the Orange Line for Victoria should normally take about seven minutes, but the directions weren't clear and I needed an extra five minutes. From Victoria, it was a ten-minute bus ride to the hotel.

The second time, I took the express bus to Victoria, so I didn't have to worry about transferring. At Victoria, I found a notice saying there would be roadworks until summer 2021. Now it takes three times as long as usual to get to the hotel by city bus, although buses run every ten minutes. It's possible to walk, but I took the bus as the weather was bad.

Enjoy your stay! (Alex)

Access to the Hollytree Hotel

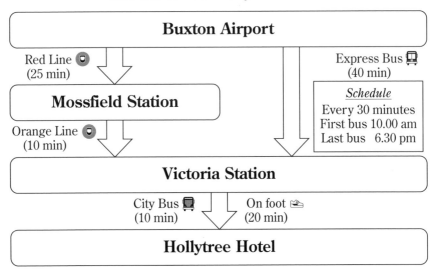

問1　From Alex's answer, you learn that Alex 　16　.

① appreciates the convenient location of the hotel
② got lost in Victoria Station on his first visit to Castleton
③ thinks that the hotel is good value for money
④ used the same route from the airport both times

問2　You are departing on public transport from the airport at 2.00 pm on 15 March 2021. What is the fastest way to get to the hotel? 　17　

① By express bus and city bus
② By express bus and on foot
③ By underground and city bus
④ By underground and on foot

B Your classmate showed you the following message in your school's newsletter, written by an exchange student from the UK.

Volunteers Wanted!

Hello, everyone. I'm Sarah King, an exchange student from London. I'd like to share something important with you today.

You may have heard of the Sakura International Centre. It provides valuable opportunities for Japanese and foreign residents to get to know each other. Popular events such as cooking classes and karaoke contests are held every month. However, there is a serious problem. The building is getting old, and requires expensive repairs. To help raise funds to maintain the centre, many volunteers are needed.

I learnt about the problem a few months ago. While shopping in town, I saw some people taking part in a fund-raising campaign. I spoke to the leader of the campaign, Katy, who explained the situation. She thanked me when I donated some money. She told me that they had asked the town mayor for financial assistance, but their request had been rejected. They had no choice but to start fund-raising.

Last month, I attended a lecture on art at the centre. Again, I saw people trying to raise money, and I decided to help. They were happy when I joined them in asking passers-by for donations. We tried hard, but there were too few of us to collect much money. With a tearful face, Katy told me that they wouldn't be able to use the building much longer. I felt the need to do something more. Then, the idea came to me that other students might be willing to help. Katy was delighted to hear this.

Now, I'm asking you to join me in the fund-raising campaign to help the Sakura International Centre. Please email me today! As an exchange student, my time in Japan is limited, but I want to make the most of it. By working together, we can really make a difference.

Class 3 A
Sarah King (sarahk@sakura-h.ed.jp)

セーラ・キング

問 1　Put the following events (① ~ ④) into the order in which they happened.

　　　[18] → [19] → [20] → [21]

① Sarah attended a centre event.

② Sarah donated money to the centre.

③ Sarah made a suggestion to Katy.

④ The campaigners asked the mayor for help.

問 2　From Sarah's message, you learn that the Sakura International Centre [22].

① gives financial aid to international residents

② offers opportunities to develop friendships

③ publishes newsletters for the community

④ sends exchange students to the UK

問 3　You have decided to help with the campaign after reading Sarah's message. What should you do first? [23]

① Advertise the events at the centre.

② Contact Sarah for further information.

③ Organise volunteer activities at school.

④ Start a new fund-raising campaign.

第４問　（配点　16）

Your English teacher, Emma, has asked you and your classmate, Natsuki, to help her plan the day's schedule for hosting students from your sister school. You're reading the email exchanges between Natsuki and Emma so that you can draft the schedule.

Hi Emma,

We have some ideas and questions about the schedule for the day out with our 12 guests next month. As you told us, the students from both schools are supposed to give presentations in our assembly hall from 10:00 a.m. So, I've been looking at the attached timetable. Will they arrive at Azuma Station at 9:39 a.m. and then take a taxi to the school?

We have also been discussing the afternoon activities. How about seeing something related to science? We have two ideas, but if you need a third, please let me know.

Have you heard about the special exhibition that is on at Westside Aquarium next month? It's about a new food supplement made from sea plankton. We think it would be a good choice. Since it's popular, the best time to visit will be when it is least busy. I'm attaching the graph I found on the aquarium's homepage.

Eastside Botanical Garden, together with our local university, has been developing an interesting way of producing electricity from plants. Luckily, the professor in charge will give a short talk about it on that day in the early afternoon! Why don't we go?

Everyone will want to get some souvenirs, won't they? I think West Mall, next to Hibari Station, would be best, but we don't want to carry them around with us all day.

Finally, every visitor to Azuma should see the town's symbol, the statue in Azuma Memorial Park next to our school, but we can't work out a good schedule. Also, could you tell us what the plan is for lunch?

Yours,
Natsuki

Hi Natsuki,

Thank you for your email! You've been working hard. In answer to your question, they'll arrive at the station at 9:20 a.m. and then catch the school bus.

The two main afternoon locations, the aquarium and botanical garden, are good ideas because both schools place emphasis on science education, and the purpose of this program is to improve the scientific knowledge of the students. However, it would be wise to have a third suggestion just in case.

Let's get souvenirs at the end of the day. We can take the bus to the mall arriving there at 5:00 p.m. This will allow almost an hour for shopping and our guests can still be back at the hotel by 6:30 p.m. for dinner, as the hotel is only a few minutes' walk from Kaede Station.

About lunch, the school cafeteria will provide boxed lunches. We can eat under the statue you mentioned. If it rains, let's eat inside.

Thank you so much for your suggestions. Could you two make a draft for the schedule?

Best,
Emma

Attached timetable:

Train Timetable
Kaede — Hibari — Azuma

Stations	Train No.			
	108	109	110	111
Kaede	8:28	8:43	9:02	9:16
Hibari	8:50	9:05	9:24	9:38
Azuma	9:05	9:20	9:39	9:53

Stations	Train No.			
	238	239	240	241
Azuma	17:25	17:45	18:00	18:15
Hibari	17:40	18:00	18:15	18:30
Kaede	18:02	18:22	18:37	18:52

Attached graph:

Number of Visitors to Westside Aquarium

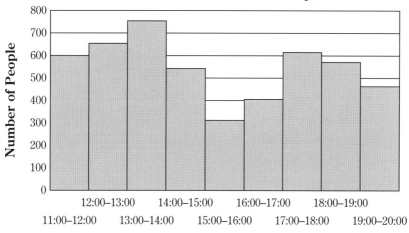

問1　The guests from the sister school will arrive on the number ☐24☐ train and catch the number ☐25☐ train back to their hotel.

① 109　　　　② 110　　　　③ 111

④ 238　　　　⑤ 239　　　　⑥ 240

問2　Which best completes the draft schedule? ☐26☐

A：The aquarium　　　B：The botanical garden
C：The mall　　　　　D：The school

Draft schedule for visit from sister school

9:30　　→　　13:30　　→　　15:30　　→　　17:00

① D → A → B → C

② D → B → A → C

③ D → B → C → A

④ D → C → A → B

問3　Unless it rains, the guests will eat lunch in the ⬚27⬚ .

① botanical garden

② park next to the school

③ park next to the station

④ school garden

問4　The guests will **not** get around ⬚28⬚ on that day.

① by bus

② by taxi

③ by train

④ on foot

問5　As a third option, which would be the most suitable for your program?
⬚29⬚

① Hibari Amusement Park

② Hibari Art Museum

③ Hibari Castle

④ Hibari Space Center

Using an international news report, you are going to take part in an English oral presentation contest. Read the following news story from France in preparation for your talk.

Five years ago, Mrs. Sabine Rouas lost her horse. She had spent 20 years with the horse before he died of old age. At that time, she felt that she could never own another horse. Out of loneliness, she spent hours watching cows on a nearby milk farm. Then, one day, she asked the farmer if she could help look after them.

The farmer agreed, and Sabine started work. She quickly developed a friendship with one of the cows. As the cow was pregnant, she spent more time with it than with the others. After the cow's baby was born, the baby started following Sabine around. Unfortunately, the farmer wasn't interested in keeping a bull—a male cow—on a milk farm. The farmer planned to sell the baby bull, which he called Three-oh-nine (309), to a meat market. Sabine decided she wasn't going to let that happen, so she asked the farmer if she could buy him and his mother. The farmer agreed, and she bought them. Sabine then started taking 309 for walks to town. About nine months later, when at last she had permission to move the animals, they moved to Sabine's farm.

Soon after, Sabine was offered a pony. At first, she wasn't sure if she wanted to have him, but the memory of her horse was no longer painful, so she accepted the pony and named him Leon. She then decided to return to her old hobby and started training him for show jumping. Three-oh-nine, who she had renamed Aston, spent most of his time with Leon, and the two became really close friends. However, Sabine had not expected Aston to pay close attention to her training routine with Leon, nor had she expected Aston to pick up some tricks. The young bull quickly mastered walking, galloping, stopping, going backwards, and turning around on command. He responded to Sabine's voice just like a horse. And despite weighing 1,300 kg, it took him just 18 months to learn how to leap over one-meter-high horse jumps with Sabine on his back. Aston might never have learned those things without having watched Leon. Moreover, Aston understood distance and could adjust his steps before a jump. He also noticed his faults and corrected them without any help from Sabine. That's something only the very best Olympic-standard horses can do.

Now Sabine and Aston go to weekend fairs and horse shows around Europe to show off his skills. Sabine says, "We get a good reaction. Mostly, people are really surprised, and at first, they can be a bit scared because he's big—much bigger than a horse. Most people don't like to get too close to bulls with horns. But once they see his real nature, and see him performing, they often say, 'Oh he's really quite beautiful.'"

"Look!" And Sabine shows a photo of Aston on her smartphone. She then continues, "When Aston was very young, I used to take him out for walks on a lead, like a dog, so that he would get used to humans. Maybe that's why he doesn't mind people. Because he is so calm, children, in particular, really like watching him and getting a chance to be close to him."

Over the last few years, news of the massive show-jumping bull has spread rapidly; now, Aston is a major attraction with a growing number of online followers. Aston and Sabine sometimes need to travel 200 or 300 kilometers away from home, which means they have to stay overnight. Aston has to sleep in a horse box, which isn't really big enough for him.

"He doesn't like it. I have to sleep with him in the box," says Sabine. "But you know, when he wakes up and changes position, he is very careful not to crush me. He really is very gentle. He sometimes gets lonely, and he doesn't like being away from Leon for too long; but other than that, he's very happy."

Your Presentation Slides

30	Who's Who?

Central High School
English Presentation Contest

Who's Who?

Main figures

☐ , ☐ , ☐

Minor figures

☐ , ☐

| 31 |

Pre-fame Storyline

Sabine's horse dies.
↓
| 32 |
↓
| 33 |
↓
| 34 |
↓
| 35 |
↓
Aston and Sabine start going to shows.

Aston's Abilities

Aston can:
· learn by simply watching Leon's training.
· walk, gallop, and stop when Sabine tells him to.
· understand distance and adjust his steps.
· | 36 | .
· | 37 | .

Aston Now

Aston today:
· is a show-jumping bull.
· travels to fairs and events with Sabine.
· | 38 | .

問題編

共通テスト・第1日程

予想問題・第1回

予想問題・第2回

予想問題・第3回

問 1　Which is the best title for your presentation? ⬚30⬚

① Animal-lover Saves the Life of a Pony
② Aston's Summer Show-jumping Tour
③ Meet Aston, the Bull who Behaves Like a Horse
④ The Relationship Between a Farmer and a Cow

問 2　Which is the best combination for the **Who's Who?** slide? ⬚31⬚

	Main figures	Minor figures
①	309, Aston, the farmer	Sabine, the pony
②	Aston, Aston's mother, Sabine	309, the farmer
③	Aston, Leon, the farmer	Aston's mother, Sabine
④	Aston, Sabine, the pony	Aston's mother, the farmer

問 3　Choose the four events in the order they happened to complete the **Pre-fame Storyline** slide. ⬚32⬚ ～ ⬚35⬚

① Aston learns to jump.
② Sabine and Aston travel hundreds of kilometers together.
③ Sabine buys 309 and his mother.
④ Sabine goes to work on her neighbor's farm.
⑤ Sabine takes 309 for walks.

問4 Choose the two best items for the **Aston's Abilities** slide. (The order does not matter.) 　36　・　37　

① correct his mistakes by himself
② jump side-by-side with the pony
③ jump with a rider on his back
④ pick up tricks faster than a horse
⑤ pose for photographs

問5 Complete the **Aston Now** slide with the most appropriate item. 　38　

① has an increasing number of fans
② has made Sabine very wealthy
③ is so famous that he no longer frightens people
④ spends most nights of the year in a horse trailer

問題編

共通テスト・第1日程

予想問題・第1回

予想問題・第2回

予想問題・第3回

A You are working on a class project about safety in sports and found the following article. You are reading it and making a poster to present your findings to your classmates.

Making Ice Hockey Safer

Ice hockey is a team sport enjoyed by a wide variety of people around the world. The object of the sport is to move a hard rubber disk called a "puck" into the other team's net with a hockey stick. Two teams with six players on each team engage in this fast-paced sport on a hard and slippery ice rink. Players may reach a speed of 30 kilometers per hour sending the puck into the air. At this pace, both the players and the puck can be a cause of serious danger.

The speed of the sport and the slippery surface of the ice rink make it easy for players to fall down or bump into each other resulting in a variety of injuries. In an attempt to protect players, equipment such as helmets, gloves, and pads for the shoulders, elbows, and legs, has been introduced over the years. Despite these efforts, ice hockey has a high rate of concussions.

A concussion is an injury to the brain that affects the way it functions; it is caused by either direct or indirect impact to the head, face, neck, or elsewhere and can sometimes cause temporary loss of consciousness. In less serious cases, for a short time, players may be unable to walk straight or see clearly, or they may experience ringing in the ears. Some believe they just have a slight headache and do not realize they have injured their brains.

In addition to not realizing the seriousness of the injury, players tend to worry about what their coach will think. In the past, coaches preferred tough players who played in spite of the pain. In other words, while it

---

would seem logical for an injured player to stop playing after getting hurt, many did not. Recently, however, it has been found that concussions can have serious effects that last a lifetime. People with a history of concussion may have trouble concentrating or sleeping. Moreover, they may suffer from psychological problems such as depression and mood changes. In some cases, players may develop smell and taste disorders.

The National Hockey League (NHL), consisting of teams in Canada and the United States, has been making stricter rules and guidelines to deal with concussions. For example, in 2001, the NHL introduced the wearing of visors—pieces of clear plastic attached to the helmet that protect the face. At first, it was optional and many players chose not to wear them. Since 2013, however, it has been required. In addition, in 2004, the NHL began to give more severe penalties, such as suspensions and fines, to players who hit another player in the head deliberately.

The NHL also introduced a concussion spotters system in 2015. In this system, NHL officials with access to live streaming and video replay watch for visible indications of concussion during each game. At first, two concussion spotters, who had no medical training, monitored the game in the arena. The following year, one to four concussion spotters with medical training were added. They monitored each game from the League's head office in New York. If a spotter thinks that a player has suffered a concussion, the player is removed from the game and is taken to a "quiet room" for an examination by a medical doctor. The player is not allowed to return to the game until the doctor gives permission.

The NHL has made much progress in making ice hockey a safer sport. As more is learned about the causes and effects of concussions, the NHL will surely take further measures to ensure player safety. Better safety might lead to an increase in the number of ice hockey players and fans.

Making Ice Hockey Safer

What is ice hockey?

· Players score by putting a "puck" in the other team's net

· Six players on each team

· Sport played on ice at a high speed

Main Problem: A High Rate of Concussions

Definition of a concussion

An injury to the brain that affects the way it functions

Effects

Short-term	Long-term
· Loss of consciousness	· Problems with concentration
· Difficulty walking straight	· ⬚ 40 ⬚
· ⬚ 39 ⬚	· Psychological problems
· Ringing in the ears	· Smell and taste disorders

Solutions

National Hockey League (NHL)

· Requires helmets with visors

· Gives severe penalties to dangerous players

· Has introduced concussion spotters to ⬚ 41 ⬚

Summary

Ice hockey players have a high risk of suffering from concussions.

Therefore, the NHL has ⬚ 42 ⬚ .

問1 Choose the best option for ☐39☐ on your poster.

① Aggressive behavior
② Difficulty thinking
③ Personality changes
④ Unclear vision

問2 Choose the best option for ☐40☐ on your poster.

① Loss of eyesight
② Memory problems
③ Sleep disorders
④ Unsteady walking

問3 Choose the best option for ☐41☐ on your poster.

① allow players to return to the game
② examine players who have a concussion
③ fine players who cause concussions
④ identify players showing signs of a concussion

問4 Choose the best option for ☐42☐ on your poster.

① been expecting the players to become tougher
② been implementing new rules and guidelines
③ given medical training to coaches
④ made wearing of visors optional

B You are studying nutrition in health class. You are going to read the following passage from a textbook to learn more about various sweeteners.

Cake, candy, soft drinks—most of us love sweet things. In fact, young people say "Sweet!" to mean something is "good" in English. When we think of sweetness, we imagine ordinary white sugar from sugar cane or sugar beet plants. Scientific discoveries, however, have changed the world of sweeteners. We can now extract sugars from many other plants. The most obvious example is corn. Corn is abundant, inexpensive, and easy to process. High fructose corn syrup (HFCS) is about 1.2 times sweeter than regular sugar, but quite high in calories. Taking science one step further, over the past 70 years scientists have developed a wide variety of artificial sweeteners.

A recent US National Health and Nutrition Examination Survey concluded that 14.6% of the average American's energy intake is from "added sugar," which refers to sugar that is not derived from whole foods. A banana, for example, is a whole food, while a cookie contains added sugar. More than half of added sugar calories are from sweetened drinks and desserts. Lots of added sugar can have negative effects on our bodies, including excessive weight gain and other health problems. For this reason, many choose low-calorie substitutes for drinks, snacks, and desserts.

Natural alternatives to white sugar include brown sugar, honey, and maple syrup, but they also tend to be high in calories. Consequently, alternative "low-calorie sweeteners" (LCSs), mostly artificial chemical combinations, have become popular. The most common LCSs today are aspartame, Ace-K, stevia, and sucralose. Not all LCSs are artificial—stevia comes from plant leaves.

Alternative sweeteners can be hard to use in cooking because some cannot be heated and most are far sweeter than white sugar. Aspartame and Ace-K are 200 times sweeter than sugar. Stevia is 300 times sweeter, and sucralose has twice the sweetness of stevia. Some new sweeteners are even more intense. A Japanese company recently developed "Advantame," which is 20,000 times sweeter than sugar. Only a tiny amount of this substance is required to sweeten something.

When choosing sweeteners, it is important to consider health issues. Making desserts with lots of white sugar, for example, results in high-calorie dishes that could lead to weight gain. There are those who prefer LCSs for this very reason. Apart from calories, however, some research links consuming artificial LCSs with various other health concerns. Some LCSs contain strong chemicals suspected of causing cancer, while others have been shown to affect memory and brain development, so they can be dangerous, especially for young children, pregnant women, and the elderly. There are a few relatively natural alternative sweeteners, like xylitol and sorbitol, which are low in calories. Unfortunately, these move through the body extremely slowly, so consuming large amounts can cause stomach trouble.

When people want something sweet, even with all the information, it is difficult for them to decide whether to stick to common higher calorie sweeteners like sugar or to use LCSs. Many varieties of gum and candy today contain one or more artificial sweeteners; nonetheless, some people who would not put artificial sweeteners in hot drinks may still buy such items. Individuals need to weigh the options and then choose the sweeteners that best suit their needs and circumstances.

問1　You learn that modern science has changed the world of sweeteners by
　　　43 .

　① discovering new, sweeter white sugar types
　② measuring the energy intake of Americans
　③ providing a variety of new options
　④ using many newly-developed plants from the environment

問2　You are summarizing the information you have just studied. How should
　　the table be finished? 44

Sweetness	Sweetener
high	Advantame
	(A)
	(B)
	(C)
low	(D)

　①　(A) Stevia　　　　　　　　　(B) Sucralose

　　　(C) Ace-K, Aspartame　　　　(D) HFCS

　②　(A) Stevia　　　　　　　　　(B) Sucralose

　　　(C) HFCS　　　　　　　　　(D) Ace-K, Aspartame

　③　(A) Sucralose　　　　　　　 (B) Stevia

　　　(C) Ace-K, Aspartame　　　　(D) HFCS

　④　(A) Sucralose　　　　　　　 (B) Stevia

　　　(C) HFCS　　　　　　　　　(D) Ace-K, Aspartame

問3 According to the article you read, which of the following are true?
(Choose two options. The order does not matter.) 45 ・ 46

① Alternative sweeteners have been proven to cause weight gain.
② Americans get 14.6% of their energy from alternative sweeteners.
③ It is possible to get alternative sweeteners from plants.
④ Most artificial sweeteners are easy to cook with.
⑤ Sweeteners like xylitol and sorbitol are not digested quickly.

問4 To describe the author's position, which of the following is most appropriate? 47

① The author argues against the use of artificial sweeteners in drinks and desserts.
② The author believes artificial sweeteners have successfully replaced traditional ones.
③ The author states that it is important to invent much sweeter products for future use.
④ The author suggests people focus on choosing sweeteners that make sense for them.

予想問題・第1回

100点／80分

A Your classmate Ellen has sent a text message to your mobile phone with a request.

Hi!
How are you doing? Are you going to go to Lily's welcome party next Sunday? I'm planning to go, and I want to know something about the party. It's at the school cafeteria, right? And when will the party start? I'm sure I wrote it down in my notebook, but I don't remember where I put the notebook. I'm so forgetful!

I'm going to the party, too. Yes, you're right about where we are going to have the party. It'll start at 6:00 p.m. It'll be better if we don't have supper before the party. The party will be a great chance to make friends with Lily and other students. I just can't wait!

Fantastic! Thanks! You always help me a lot. Let's meet at the school gate at 8:50 p.m. I'm really looking forward to next Sunday.

問1 What was Ellen's request? 1

① To go to Lily's welcome party with her
② To have supper with her in the cafeteria
③ To remember how forgetful she is
④ To tell her when and where the party begins

問2 How will you reply to Ellen's second text message? 2

① 7:50 p.m. would be better.
② I'm happy to hear that.
③ That's a good idea.
④ That's too late, isn't it?

B Your favorite coffeehouse in the U.S. offers a membership card, and you are thinking of becoming a member. You visit the official website.

BLUE MOUNTAIN COFFEE CLUB MEMBERSHIP

Thank you for always visiting our coffeehouse. If you become a member of the BLUE MOUNTAIN (BM) COFFEE CLUB, you'll get more coffee and lots of benefits! Every new member will get one free drink ticket every month and information about new products every week. Plus, members can order online in advance. You will receive a membership card about two weeks after you become a member. You need to show your membership card at our coffeehouse or enter your membership number online.

You can use your membership card at any of our 1,000 coffeehouses in the U.S. for one full year. You can choose from three membership levels: Bronze, Silver and Gold. Membership options are explained below.

Please choose from the membership options below.

Membership Benefits (🖩)	Membership Options		
	Bronze ($ 2)	Silver ($ 10)	Gold ($ 20)
One free drink ticket every month	🖩	🖩	🖩
Online ordering	🖩	🖩	🖩
Weekly information about new products	🖩	🖩	🖩
$ 1 refills		🖩	🖩
BM monthly presents		🖩	🖩
Invitations to special events			🖩
20% off BM prepaid cards			🖩

◇ Online ordering lets you order online up to 24 hours before you visit BM coffeehouse.

◇ With $1 refills, you can get another cup for $1 up to twice every time you visit our coffeehouse.

◇ Special events include a coffee seminar by a coffee specialist and coffee tasting events.

◇ At the end of your first year, you can choose either to renew the membership at half price or to upgrade for half the regular fee.

Whether you are a Bronze member, a Silver member or a Gold member, you will love being a member of the BM COFFEE CLUB. For more information, or to join, click *here*.

問 1　All new BM COFFEE CLUB members ⬚ 3 ⬚.

① can order online two weeks beforehand

② get a 20% discount on drinks

③ get a BM COFFEE CLUB membership card

④ get a free drink ticket every week

問 2　What will you get if you become a new Silver member?　⬚ 4 ⬚

① Another cup of coffee for free

② Invitations to coffee tasting meetings

③ New products information every day

④ Presents from BM coffeehouse every month

問 3　After being a club member for one year, you can ⬚ 5 ⬚.

① become a Gold member for a $5 fee

② get a new discount coffee ticket

③ renew your membership for free

④ upgrade your membership at 50% off

A　You are in charge of your school's presentation contest. You are examining all of the scores and the judges' comments to understand and explain the rankings.

Judges' final average scores				
Qualities Names	Logic (10)	Voice (10)	Gestures (10)	Total (30)
Amy	8	7	10	25
Baldwin	9	8	8	25
Carl	7	9	9	25
Deborah	absent			

Judges' individual comments	
Ms. Howard	Baldwin's presentation was very logical, and he seemed to make himself understood by the audience. Carl's voice was clear. I think Amy's gestures were perfect!
Mr. Aaron	Baldwin made a logical presentation. I think the audience was able to follow him easily. I believe Baldwin will do well in the future. Carl made effective gestures, but he didn't prepare enough. Amy's gestures were good, but her voice felt a little soft for a presentation.
Ms. Williams	Amy's gestures and eye contact worked very well! She looked like a stage actor. She really appealed to the audience.

問1 Based on the judges' final average scores, who used visual means of communication best? ⬚ 6 ⬚

① Amy
② Baldwin
③ Carl
④ Deborah

問2 Which judge gave both positive and negative comments? ⬚ 7 ⬚

① Mr. Aaron
② Ms. Howard
③ Ms. Williams
④ None of the above

問題編

共通テスト・第1日程

予想問題・第1回

予想問題・第2回

予想問題・第3回

問 3　One **fact** from the judges' individual comments is that 　8　.

① all the judges considered Amy's gestures good

② Amy knows how to use gestures effectively

③ Baldwin's presentation was well organized

④ Carl's voice was clear and very easy to hear

問 4　One **opinion** from the judges' comments and shared evaluation is that
　9　.

① Mr. Aaron's suggestion about gestures was agreed on

② the audience understood Baldwin's presentation well

③ the rankings were determined based on the judges' comments

④ three presenters were evaluated by the three judges

問 5　Which of the following is the final ranking based on the judges' shared
evaluation? 　10　

	1st	2nd	3rd
①	Amy	Baldwin	Carl
②	Amy	Carl	Baldwin
③	Baldwin	Amy	Carl
④	Baldwin	Carl	Amy
⑤	Carl	Amy	Baldwin
⑥	Carl	Baldwin	Amy

B You've heard about a change in school policy at the school in the UK where you are now studying as an exchange student. You are reading the discussions between the students about the policy in an online forum.

New School Policy < Posted on 3 March 2021 >
To: Mary
From: Allen

Dear Mary,

Thank you for all of the work you're doing as student body president. I really appreciate your efforts to make our school better as one of the students.

I heard that the student body is proposing a change in school policy. I would like to express a strong opposition to the change. I am aware that, in recent days, many students have been late for school. This is probably because they spend a lot of time choosing what to wear to school. Is this the reason you want to insist that the school have students wear school uniforms? Students at West London School like to express themselves by wearing clothes they pick out themselves. They hope they will be able to continue enjoying the freedom they have. Therefore, could you possibly think again about the change in school policy?

Sincerely,
Allen

Re: New School Policy < Posted on 4 March 2021 >
To: Allen
From: Mary

Dear Allen,

It was kind of you to post your opinion. You mentioned some important points about the policy change, especially about saving students time in the morning.

The goal of the new policy isn't saving students' time. The decision is based on a 2020 survey by an organisation. According to the report, wearing school uniforms costs one-third less a year. There are some students whose families are struggling financially, so we would like all the students to wear school uniforms.

Yours,
Mary
Student Body President

問1　Allen thinks that the new policy ☐ 11 ☐.

① may cost students much less money

② may prevent students from expressing themselves

③ should be accepted by the student body

④ will give students more freedom

問2　One **fact** stated in Allen's forum post is that ☐ 12 ☐.

① some students didn't get to school on time

② the school should respect students' decisions

③ the student body president is doing well

④ wearing the clothes you like is most important

問3　Who thinks the aim of the policy is for students to save time? ☐ 13 ☐

① Allen

② Mary

③ The organisation

④ The school

問4　Mary is basing the new policy on the **fact** that ⬚14⬚.

　① it prevents students from being late
　② students should study in the morning
　③ uniforms make students look equal
　④ wearing uniforms saves students money

問5　What would you research to help Allen oppose the new policy? ⬚15⬚

　① Changes in the price of casual clothes in recent years
　② How many students are late for school
　③ The history of casual clothes and uniforms
　④ The length of time spent choosing clothes in the morning

第3問　（配点　15）

A　You are planning to stay at a hotel in Thailand. You found useful information in the Q&A section of a travel advice website.

I'm planning to stay at Central Hotel in Bangkok in April 2022. Is it comfortable and convenient for sightseeing around Bangkok? And how can I get there from the airport?　　　　　　(Michael)

Answer

Yes, I stay at Central Hotel every time I go to Thailand. It is very convenient for sightseeing. You can easily get to well-known tourist spots from the hotel. Also, the hotel staff are very kind. You'll feel comfortable during your stay! (Click *here* for access information.)

Let me tell you about my experience of getting there.

The first time I visited there, I used the ARL and BTS. I changed trains twice, at Chong Thai Station and Phaya Station. After arriving at Siam Nonsi Station, I was supposed to reach the hotel within 5 minutes, but I got lost. I felt anxious, but a kind person showed me the way.

The second time, I took a minibus from the airport to Monument Station. It took about 30 minutes. Then, I took a taxi and was able to get to the hotel faster than the first time. It took about 15 minutes from Monument Station. One of my friends said it took over twice as much time as usual by minibus at around 6 p.m. Note that the roads are very busy at around that time.

Enjoy your stay!　　　　　　(Barry)

Access to the Central Hotel

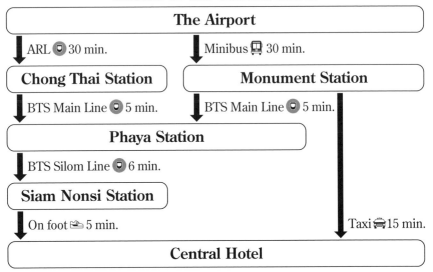

問 1   From Barry's answer, you learn that Barry [16].

① believes that taking trains is the best way

② got lost on the second visit to the hotel

③ thinks that the location of the hotel is good

④ used the ARL and BTS from the airport both times

問 2   You are departing on public transport from the airport at 6:00 p.m. on 16 April 2022. What is the fastest way to get to the hotel? [17]

① By ARL and BTS

② By BTS and minibus

③ By taxi and BTS

④ By taxi and minibus

B Your classmate showed you the following message in your school's newsletter, written by an exchange student from the UK.

Your Experience Wanted!

Hello, everyone. I'm Clara Fisher, an exchange student from the UK. Today I'm going to tell you about my experience in Japan.

One day, I went to Shinjuku to go shopping. I went there by underground. When I was waiting, I heard an announcement. It said, "The train is running two to three minutes late. We are sorry for the inconvenience." I thought it wasn't a big deal. I wondered why they apologised when they didn't need to.

I went to an Italian restaurant after buying a pair of shoes at a department store. I ordered a pizza and pasta. Soon, a waiter came to my table. He said, "Omataseshite mōshiwake gozaimasen," meaning they were sorry to have kept me waiting. I thought that was strange because I hadn't waited a bit! Did I look like I was in such a hurry? I got a little irritated.

After eating lunch, I met Nozomi, one of my Japanese friends. We had made a plan a week before to meet on the ground floor of the department store. I was very much looking forward to seeing her. I was waiting for her when she arrived saying, "I'm sorry to have kept you waiting!" Again! But this time I didn't get bothered because we're friends. Instead, I asked her why she had apologised. She told me that it was a polite way of showing kindness to others in Japan. I was surprised. I felt that I learnt a lot about Japanese culture.

That's my experience in Japan. I'd like to know more about Japanese culture. So, tell me about your own experience with Japanese culture. If you could send me an email, I'll tell other students about your experience! I look forward to hearing from you!

Class 3B
Clara Fisher (claraf@fuji-h.ed.jp)

クラーラ・フィッシャー

問 1 Put the following events (① ~ ④) into the order in which they happened.

$$\boxed{\text{18}} \rightarrow \boxed{\text{19}} \rightarrow \boxed{\text{20}} \rightarrow \boxed{\text{21}}$$

① Clara bought a pair of shoes.

② Clara got on the underground.

③ Clara had an Italian lunch.

④ Clara made a plan to meet Nozomi.

問 2 From Clara's message, you learn that Japanese people seem to $\boxed{\text{22}}$.

① apologise to show consideration for others

② be interested in saying thanks to others

③ be kind enough to help other people

④ know a lot about their own culture

問 3 After reading Clara's message, you have decided to share your experience. What should you do first? $\boxed{\text{23}}$

① Ask Nozomi to tell you more.

② Get in touch with Clara online.

③ Make a presentation in class.

④ Publish a newsletter at school.

第4問　（配点　16）

Your English teacher, Lisa Swift, has asked you and your classmate, Yuri, to help her plan the day's schedule for hosting students from your sister school. You're reading the email exchanges between Yuri and Lisa so that you can draft the schedule.

Ms. Swift,

We have come up with some plans for the school trip around the city on December 19. We are supposed to have a meeting at our school at 10:00 a.m., so I've been looking at the attached timetable. Will the guest students arrive at Sakura Station at 9:54 a.m. and then take a bus to our school?

We've also discussed where to go. We think places related to Japanese history are good. We have two options. First, how about the History Museum near Midori Station? A history professor from a nearby university is going to give a lecture about books written in the Heian Period. The lecture will be given in the morning and early afternoon on that day. Also, we should visit Sakura Temple. It is one of the oldest buildings in Japan. We can feel the history as we walk around the historic temple. The temple is very popular, so it is often crowded, but I found the attached graph on the Internet. If we plan it right, we can avoid the crowds.

If you need another choice, please let me know. We can discuss it again.

We suggest having lunch in Plum Square Park near Akane Station. From the park, we can see the sea just in front of us. The guest students will be happy to eat there!

Moreover, we would like the guest students to visit the Memorial Tower next to Plum Square Park. You can look over the city from the top of the tower. The scenery is wonderful. I'm sure they will like it.

Yours,
Yuri

Hi Yuri,

Thank you very much for your email! First of all, their train will arrive at Sakura Station at 9:37 a.m. and they'll walk to the school. Buses can't get to our school because of construction.

I think the two historical destinations you've chosen, the museum and the temple, are very nice. One of the goals of the trip is to learn about Japanese culture and history, so they're perfect. But I think you should plan a third destination just in case.

Memorial Tower is also good. Let's get to the tower around 6:00 p.m. because we can enjoy the night view of the city. In order to enjoy the view enough, we'd like to stay there for about 20 minutes. The guest students have to be in time for dinner at 7 p.m. at the hotel. The hotel is 5 minutes from Sakura Station by taxi.

Plum Square Park is good, but the weather is changeable these days. I don't think eating outside is a good idea. How about eating lunch at the café in the museum building before seeing the exhibition?

Best Regards,
Lisa

Attached timetable:

Train Schedule

Midori — Akane — Sakura

Stations	Train No.			
	128	129	130	131
Midori	8:33	8:45	9:00	9:17
Akane	8:55	9:07	9:22	9:39
Sakura	9:10	9:22	9:37	9:54

Stations	Train No.			
	155	156	157	158
Midori	17:25	17:45	18:05	18:25
Akane	17:47	18:07	18:27	18:47
Sakura	18:02	18:22	18:42	19:02

Attached graph:

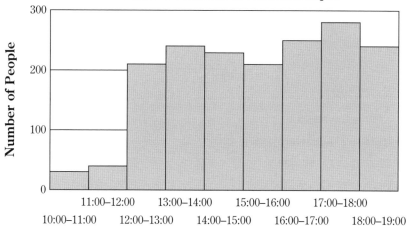

Number of Visitors to Sakura Temple

問1　The guests from the sister school will arrive on the number ☐24☐ train and take the number ☐25☐ train back to their hotel.

① 129　　　　② 130　　　　③ 131
④ 156　　　　⑤ 157　　　　⑥ 158

問2　Which best completes the draft schedule? ☐26☐

A : The museum　　　B : The school
C : The temple　　　　D : The tower

Draft schedule for visit from sister school

10:00 → 11:30 → 13:00 → 18:00

① B → A → D → C
② B → C → A → D
③ B → D → A → C
④ B → D → C → A

問3 The guests will eat lunch in the ⬚27⬚.

① café in the museum
② park next to the museum
③ park next to the station
④ temple garden

問4 The guests will **not** get around ⬚28⬚ on that day.

① by bus
② by taxi
③ by train
④ on foot

問5 As a third option, which would be the most suitable for your program?
⬚29⬚

① Akane Amusement Park
② Akane Baseball Stadium
③ Akane Castle
④ Akane Shopping Mall

Using an international magazine article, you are going to take part in an English oral presentation contest. Read the following article from Costa Rica in preparation for your talk.

Many people are aware that the crocodile is a dangerous animal. Over 1,000 people are killed by the animal every year. Surprisingly, however, one crocodile developed a deep friendship with a fisherman named Shedden, or Chito. The miracle started on a river bank in Costa Rica.

One day, Chito was fishing on the bank of the Parismina River in Costa Rica when he found a five-meter-long crocodile dying in the water. He had been shot in the left eye by a rancher, who shot it to protect his cattle. Chito felt sorry for the crocodile, so he decided to look after it. He loaded the crocodile in his boat with the help of several of his friends, and took it home. He fed the crocodile chicken and fish, and gave it medicine. He named it Pocho, and he sometimes slept by his side. He devoted all his energy to making Pocho better. Thanks to his effort, Pocho gradually recovered from his injury, and after a while, he got well. Chito was very happy because Pocho had recovered, but he knew he had to say goodbye to him. Reluctantly, he took Pocho to a nearby river and released him.

After releasing Pocho into the river, Chito returned home. To his surprise, the next morning, he found Pocho lying on the veranda of his house. Chito thought that Pocho wanted to be near him and decided to let Pocho live with him. He played with him, swimming in the river in front of his house almost every night. He said, "I feel peace in my mind when swimming with him." Unfortunately, he broke up with his first wife because he spent so much time with Pocho. But his second wife and his daughter were willing to live with the crocodile. His wife said, "Pocho is like my son." Chito and Pocho became good friends over time. When

Chito called his name, Pocho came to him.

In 2000, a TV station in Costa Rica filmed the two. The unusual bond between a man and a crocodile impressed many people. Thus, Chito and Pocho became popular in the U.S. and the U.K. as well as in Costa Rica.

Meanwhile, Chito began performing with Pocho in the water. Every Sunday, Chito drove a small truck with Pocho on it to town. The two swam in a 100-square-meter artificial lake surrounded by a large audience. The audience was excited when Pocho swam side by side with Chito. The most exciting part was when Pocho swam toward Chito with his mouth wide open. Coming so close to Chito that he almost ate him, Pocho quietly closed his mouth, kissing him. One audience member said, "Unbelievable! I've never seen anything like that. I wouldn't do such a thing." The two performed very well and became more and more popular.

In 2010, something important for Chito and Pocho happened. A South African filmmaker, Horrocks, made a film, *The Man Who Swims With Crocodiles*. In the film, Horrocks follows Chito and Pocho, and reports about the miracle of the unusually successful relationship between the pair. Horrocks' film made the two even more popular all over the world.

Good things don't last for good, though. One day in 2011, Pocho died of natural causes. Chito was very sad and sang a song for him. Chito also held a human-style funeral to mourn Pocho. A number of people gathered at the ceremony and saw him off crossing the rainbow bridge. Pocho is now displayed in a museum in Costa Rica. Chito has now recovered from his grief because he made friends with a new crocodile, named Pocho II. He lives happily with his new friend.

Your Presentation Slides

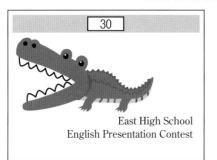

30

East High School
English Presentation Contest

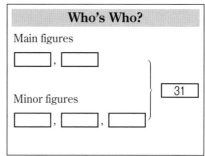

Who's Who?

Main figures

☐ , ☐

Minor figures

☐ , ☐ , ☐ } 31

Pre-fame Storyline

Pocho was dying.
↓

| 32 |
| 33 |
| 34 |
| 35 |

Chito and Pocho began to perform in shows.

About Pocho

Pocho:

· went to shows on a truck.

· swam in an artificial lake with Chito.

· was surrounded by a large audience.

· 36 .

· 37 .

Pocho's Death

After Pocho passed away,

· a number of people attended his funeral.

· he was displayed in a museum.

· 38 .

問題編

共通テスト・第1日程

予想問題・第1回

予想問題・第2回

予想問題・第3回

問 1　Which is the best title for your presentation? 　30

① Crocodiles Are Not Dangerous to Humans
② Pocho, a Crocodile Who Made Friends with Chito
③ Pocho's Amazing Swimming Performance in the Local Pool
④ Saving the Environment for Future Generations

問 2　Which is the best combination for the **Who's Who?** slide? 　31

	Main figures	Minor figures
①	Chito, Chito's wife	Pocho, Shedden, the rancher
②	Chito, Pocho	Chito's wife, Horrocks, the rancher
③	Pocho, Shedden	Chito, Horrocks, the rancher
④	Pocho, the rancher	Chito, Chito's wife, Horrocks

問 3　Choose the four events in the order they happened to complete the **Pre-fame Storyline** slide. 　32 ～ 　35

① Chito and Pocho appeared in a film.
② Chito came to swim with Pocho.
③ Chito put Pocho back into the river.
④ Pocho came back to Chito.
⑤ Pocho recovered from the bad condition.

問 4　Choose the two best items for the **About Pocho** slide. (The order does not matter.)　36 ・ 37

① almost ate some audience members during a show
② became popular beyond Costa Rica
③ kissed Chito during the performance
④ swam with Chito in shows every day
⑤ swam with Chito on his back

問 5　Complete the **Pocho's Death** slide with the most appropriate item. 38

① Chito became very wealthy
② Chito found another crocodile to live with
③ Chito sang Pocho's favorite song
④ Pocho was released into the nearby river

問題編

共通テスト・第 1 日程

予想問題・第 1 回

予想問題・第 2 回

予想問題・第 3 回

A You are working on a class project about the world's food problems and found the following article. You are reading it and making a poster to present your findings to your classmates.

Reducing Food Loss and Food Waste

In the world, over 4 billion tons of food is produced every year. This amount is enough to supply all the people on the planet. However, about 1 billion people, one-eighth of the world population, are now suffering from hunger all over the world. Why is it that so many people don't have enough food to eat? The answer is food loss and food waste. In both developed and developing countries, over 1.3 billion tons of food is thrown away every year.

In developing countries, poor conditions when harvesting and storing crops lead to food loss. When harvesting, farmers don't have the skills needed to harvest all the crops they've grown. Also, after gathering a harvest, they don't have the equipment to store them properly. As a result, they have to discard a large amount of food.

Developed countries have even more serious problems. One of them is that with the help of technology, more food is produced than necessary. That is because most countries have a quality standard by which they judge whether the food should be sent to the market. If some food doesn't live up to the standard, it is thrown away. Another problem is that the customers in developed countries are relatively wealthy, so they tend to buy more food than they really need. They also readily throw away food that they can't eat.

What is the best solution to the food loss and food waste problems? In developing countries, as shown above, the problem lies in poor conditions when harvesting and storing. Therefore, it would be good to

---

introduce better harvesting techniques. For example, machines which enable farmers to gather more crops would help. In addition, refrigerators, which make it possible to store the harvested crops, would also be important. In developed countries, on the other hand, food producers should make efforts to sell food that doesn't meet the quality standard. They can sell such food at a lower price, which would contribute to some people buying it.

Many developed countries have already made a move to solve the problem. In 2016, France became the first country to ban supermarkets from throwing unsold food away and instead force them to send it to food sharing organizations. Japan, which wastes about 30 million tons of food every year, made a law that promotes reducing food loss and food waste in 2019. It is hoped that these policies will work well, and food loss and food waste will be reduced.

However, the efforts on the part of the governments are not enough. We each should also be aware of the problem and do something about it in our daily lives. Many people are now concerned about the problem and try to reduce food loss in their own homes. For example, more people today donate food they can't eat to food banks. Food banks are organizations that collect unnecessary food from households and give it to those who want it. Also, more people have their own "doggie bags" with them. A "doggie bag," also called a "gourmet bag" in France, is one into which people put food they couldn't eat at a restaurant. Using "doggie bags," they can eat the leftovers at home, resulting in reduced food loss.

Reducing food loss and food waste is now counted as one of the SDGs — Sustainable Development Goals — promoted by the United Nations. The goal will be accomplished by the efforts of governments, companies, and other organizations. However, one thing we should remember is that "we" the consumers play just as important a part in achieving the goal.

Tackling Food Problems

What is the problem?

- Over 4 billion tons of food is produced every year.

 BUT

- About 1 billion people are suffering from hunger all over the world.

Main Problem: Food Loss and Food Waste

Current Situation

Over 1.3 billion tons of food is thrown away every year.

Causes

In developing countries	In developed countries
• Lack of harvesting techniques	• Strict quality standard
→Failure to harvest all crops grown	→Excessive [40]
• Lack of [39]	• Being wealthy
→Some crops going bad	→Buying too much

Solutions

- To introduce machines for harvesting and storing food
- [41]
- To make laws restricting food loss and food waste
- To use food banks and bags for leftovers

Summary

In order to reduce food loss and food waste, not only governments, companies and organizations but individuals should also [42] .

問 1　Choose the best option for 　39　 on your poster.

① agricultural chemicals
② harvesting machines
③ harvesting plans
④ storing equipment

問 2　Choose the best option for 　40　 on your poster.

① food consumption
② food production
③ food wrapping
④ taste checks

問 3　Choose the best option for 　41　 on your poster.

① To donate money to food companies
② To fine customers who waste food
③ To sell lower quality food to markets
④ To use effective machines for producing food

問 4　Choose the best option for 　42　 on your poster.

① actively play their part
② have discussions about food regularly
③ improve the equipment of developing nations
④ make the quality standard stricter

問題編

共通テスト・第1日程

予想問題・第1回

予想問題・第2回

予想問題・第3回

B You are studying nutrition in health class. You are going to read the following passage from a textbook to learn more about caffeine.

Coffee, tea, chocolate — we consume them every day. They all contain a popular chemical substance — caffeine. Different foods and drinks contain different amounts of caffeine. A chocolate bar has 10–43 mg of caffeine, drip coffee 555–845 mg per liter, and tea 200 mg per liter. Espresso coffee contains about three times as much caffeine as drip coffee per liter. Paraguay tea contains about 358 mg per liter. Caffeine was first extracted from coffee by a German chemist, Friedlieb Ferdinand Runge, in the 19th century. The scientific innovation has made it possible to add caffeine to a variety of foods and drinks. We can't spend a day without consuming something with caffeine in it.

Caffeine is widely used because it has good effects on us. It reduces fatigue and improves the movement of muscles. That's why if you consume caffeine-containing products before you exercise, you can do it more effectively. In addition, caffeine reduces sleepiness, which enables you to sit up late at night. Some of you may have experienced this effect when you drank a lot of coffee while studying or working till late at night. Furthermore, it is reported that caffeine has something to do with reducing the risk of some kinds of cancer and relieving headaches. That's why some supplements and "energy drinks," to which a lot of caffeine has been added, are popular all over the world. The average energy drink contains a little less caffeine than Paraguay tea. Some people get into the habit of drinking "energy drinks" before they go about their work.

However, there is a dark side to caffeine. If you take in too much caffeine, you might suffer from a severe headache. Also, too much caffeine might lead to sleep disorders. Caffeine influences your brain and body about 20 minutes to an hour after being consumed. The effects last for about 16 to 20 hours. If you get caffeine at night, you might have difficulty falling asleep. What's worse, too much caffeine could result in caffeine poisoning. Since there are many common foods and drinks that contain caffeine, you can suffer from caffeine poisoning without knowing it. It can even cause death.

These dangerous aspects of caffeine have led the governments to take measures to prevent too much exposure to caffeine. The Canadian government called for its people to pay attention to their caffeine intake and announced the recommended amount based on a 2003 survey. In 2015, the government published its risk evaluation of energy drinks, and it states that children should not consume too much caffeine. The U.N. also warns that pregnant women should refrain from taking in caffeine because it might harm their baby.

Caffeine has both its good points and bad points. Therefore, if you consume foods or drinks that contain caffeine, you cannot be too careful. The most important thing is the timing and amount of caffeine you take in. It will help you improve your capabilities as long as you are exposed to the proper amount of caffeine at the right time.

問1　You learn that the scientific innovation has changed the world of caffeine by ⬚43⬚.

① developing caffeine with a stronger effect
② extracting caffeine from a variety of plants
③ finding coffee plants containing more caffeine
④ opening the door to adding caffeine to various foods

問2　You are summarizing the information you have just studied. How should the table be finished? ⬚44⬚

The amount of caffeine contained	Drinks
large	(A)
	Drip coffee
	(B)
	(C)
small	(D)

① (A) Espresso　　　　　　　　　(B) Paraguay tea

　　(C) Average energy drinks　　　(D) Tea

② (A) Espresso　　　　　　　　　(B) Paraguay tea

　　(C) Tea　　　　　　　　　　　(D) Average energy drinks

③ (A) Paraguay tea　　　　　　　(B) Tea

　　(C) Average energy drinks　　　(D) Espresso

④ (A) Paraguay tea　　　　　　　(B) Tea

　　(C) Espresso　　　　　　　　　(D) Average energy drinks

問3　According to the article you read, which of the following are true?
(Choose two options. The order does not matter.) [45] ・ [46]

① Caffeine can either relieve or worsen a headache.
② Caffeine makes one relax and fall sound asleep.
③ In Canada, it is prohibited to use caffeine in energy drinks.
④ It takes some time for caffeine to have an effect.
⑤ Some governments recommend children take caffeine.

問4　To describe the author's position, which of the following is most
appropriate? [47]

① The author advises that people consider when and how much caffeine
they consume.
② The author believes it is desirable to take enough caffeine after
exercising.
③ The author insists that the use of caffeine in foods and drinks should be
banned.
④ The author thinks it necessary to take in caffeine to make the most of
people's abilities.

予想問題・
第2回

100点／80分

A Your classmate Sean has sent a text message to your mobile phone asking some questions.

Hello! I have some questions. When is the deadline for the history report? If you have time before the deadline, will you help me with the report? Also, I need to bring only my textbook to tomorrow's history class, right?

Hi, we have to hand them in by next Monday. I have to work at my part-time job on the weekend, but I can help you before that. How about Friday? In exchange, will you teach me math? I'm terrible at math. Oh, you need to bring your notebook to the next history class.

Thank you! That'll be great! I'm looking forward to Friday. I'll help you solve math problems then. Remember to bring your math textbook. ☺

問1　Sean asks you ☐ 1 ☐.

① if he needs to bring his history textbook

② if you are free on the weekend

③ if you could help him with his report

④ when the deadline for the math report is

問2　You expect Sean to ☐ 2 ☐ next Friday.

① bring his own math textbook

② help you with your part-time job

③ show you how to write the history report

④ teach you how to solve math problems

B You have received a flyer for an English play contest from your teacher, and you want to apply.

The 13th Youth English Play Contest

The Youth Activity Society has been offering young people various chances to take part in activities outside school. One of them is the Youth English Play Contest, which is held every year. This year, the plays will all be comedies. You have to pass three stages to make it to the final competition.

The Final Competition

Place: Central Hall
Date: February 22, 2022
Genre: Comedy

GRAND PRIZE
The winners can perform their play on the popular TV show "No Laugh, No Life."

Contest information:

Stages	Things to Upload	Details	2021 Deadlines & Dates
Stage 1	A scenario for the comedy	Number of words: within 1,000	Upload by 6 p.m. on August 8
Stage 2	Video of you performing a comedy	Time: 3 – 5 minutes	Upload by 6 p.m. on September 9
Stage 3		Local Contests: Winners will be announced and go on to the final competition.	Held on November 11

Final Competition Grading Information

Content	Performance	Voice	Answering Questions from Judges	Reactions from Audience
25%	35%	15%	10%	15%

▶ You can participate in a group of 2 to 3 people.
▶ You must upload your materials online. All dates and times are Japan Standard Time (JST).
▶ You can check the results of Stages 1 and 2 on the website a week after the deadline for each stage.

For more details and an application form, click *here*.

問1　To take part in the first stage, you should upload ▢ 3 ▢.

① an audio recording of your talk
② a plot of your comedy
③ a video of your performance
④ information about your group

問2　From which date can you check the results of the second stage? ▢ 4 ▢

① September 2
② September 7
③ September 9
④ September 16

問3　To get a high score in the final competition, you should pay most attention to your content and ▢ 5 ▢.

① acting in front of the audience
② interaction with the audience
③ responses to the judges
④ voice volume

A You are an exchange student studying in the UK, and you're reading the results of a survey about paper books and electronic books that your classmates answered.

Question 1: How many paper books do you purchase per month?

Number of books	Number of students	Monthly subtotal
0	5	0
1	9	9
2	6	12
3	3	9
4	0	0
5	1	5
6	0	0
7	1	7
Total	25	42

Question 2: Do you have your own electronic reading device?

Summary of responses	Number of students	Percent of students
Yes, I do.	4	16.0
Yes, but I don't use it.	8	32.0
No, I don't.	13	52.0
Total	25	100.0

Question 3: If you don't use an electronic reading device, what are your reasons?

Summary of responses	Number of students
Paper books can be sold after being read.	20
It is troublesome to buy electronic books online.	16
I like the feel of paper books more than that of an electronic device.	12
Used paper books are cheaper.	10
I think looking at a screen is just bad for the eyes.	7
I'm not good at using electronic devices.	5
The device itself is too expensive to purchase.	4
I want to put paper books on my bookshelf.	3
I have difficulty writing notes down on the pages.	2
(Other reasons)	5

問 1　The results of Question 1 show that 　6　.

① many students buy at least three paper books a month

② more than half the students buy no paper books a month

③ some students buy no paper books within a month

④ the students buy 25 paper books a month in total

問 2　The results of Question 2 show that more than half the students 　7　.

① don't have their own electronic reading device

② have never used any electronic reading devices

③ have their own electronic reading device and use it

④ have their own electronic reading device but don't use it

問3　One **opinion** expressed by your classmates in Question 3 is that 　8　 .

① electronic books are sold on the Internet
② electronic reading devices cost a lot
③ some students aren't used to using electronic devices
④ some students prefer the feel of paper books

問4　One **fact** stated by your classmates in Question 3 is that paper books are 　9　 .

① easy to write notes on
② good for your eyes
③ not available online
④ sold secondhand

問5　What is the most common reason why your classmates do not use electronic reading devices? 　10　

① There is no space for memos in electronic books.
② They can't sell electronic books after reading them.
③ They have their own bookshelves at home.
④ They have trouble buying electronic books online.

B You need to decide what classes to take in a summer programme in the UK, so you are reading course information and a former student's comment about the course.

BASIC CHINESE

Dr Morley Wales

morley.wales@cat-u.ac.uk

Call: 020-5525-1234

Office Hours: by appointment only

3 – 31 August 2021

Tuesday & Friday

2.00 pm – 3.30 pm

9 classes – 1 credit

Course description: We will be studying the writing and speaking of the Chinese language. In this course, students will need to write a report and make a presentation in Chinese.

Goals: After this course you should be able to:
- write short sentences in easy Chinese
- communicate in basic Chinese
- express your opinions in Chinese in front of other people

Textbook: P. Yang (2019). *Basic Chinese*. Beijing: ABC Inc.

Evaluation by Dr Wales: 60% overall required to pass
- a report and a presentation: 90% (45% each)
- participation: 10%

Course-takers' evaluations (52 reviewers) ★★★★☆ (Average: 4.35)

Comment

☺ I recommend this class. Mr Wales is a very enthusiastic teacher, and he is kind to students. Even if you don't know about Chinese or Chinese characters, that's no problem. My advice would be to prepare well for every class using textbooks and your dictionary.

問 1　What will you do in this course? ☐ 11 ☐

① Discuss various topics about China
② Speak in Chinese in front of others
③ Visit China during summer vacation
④ Write a report about Chinese characters

問 2　This class is aimed at students who ☐ 12 ☐.

① are interested in the Chinese language
② have to study speaking English in China
③ like to eat Chinese food in the UK
④ want to learn about the Chinese lifestyle

問3　One **fact** about Dr Wales is that ☐ 13 ☐.

① he evaluates the students

② he is an enthusiastic educator

③ he kindly teaches basic Chinese

④ his Chinese is very good

問4　One **opinion** expressed about the class is that ☐ 14 ☐.

① it is easy to get credit for the class

② many students recommend the class

③ nine classes will be held in August

④ students should study before class

問5　What do you have to do to pass this course? ☐ 15 ☐

① Actively take part in the class

② Discuss topics in Chinese with other students

③ Give a good presentation and write a good report

④ Visit Dr Wales during office hours

問題編

共通テスト・第1日程

予想問題・第1回

予想問題・第2回

予想問題・第3回

A Your British friend, Marie, visited a new zoo and posted about her experience on her blog.

Sunrise Mountain Zoo: Best for animal lovers

Posted by Marie at 7.02 pm on 12 April 2021

....

　　A new zoo opened last month. I really wanted to visit this new zoo because they have my favourite animals, pandas, there. I went there with several of my friends during my spring vacation.

　　There are two areas in the zoo — West and East. We started in the East Area (see the map). First, we saw chimpanzees and gorillas. We got excited when a chimpanzee threw a banana at us! We also saw lions and tigers. After that, we moved to the West Area. You can get to the West Area by train or on foot. The train station was very crowded, so we decided not to take the train. In the West Area, we finally saw pandas from China. They were so cute that I couldn't help taking many pictures of them (see the picture). We also enjoyed seeing flamingos posing beautifully, and giraffes and zebras eating grass peacefully. Then in the afternoon, we went to eat lunch at a restaurant. We chose to eat in a place where we could watch polar bears swimming and lying in the sun. After that, we went to a building near another restaurant and saw frogs and snakes.

　　We had a very good time at Sunrise Mountain Zoo! I'd like to go there again!

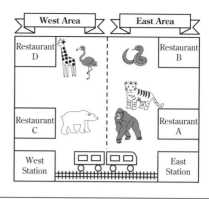

問1　From Marie's post, you learn that [16].

① a gorilla threw a banana at Marie

② chimpanzees and flamingos are in the same area

③ Marie walked between the two areas

④ Marie went to the West Area first

問2　At which restaurant did Marie and her friends have lunch in the afternoon? [17]

① Restaurant A

② Restaurant B

③ Restaurant C

④ Restaurant D

B Your friend in the UK told you about his favourite tennis player. Wanting to learn more, you found the following article in a tennis magazine.

Tim Henman, the Hope of the UK

Tim Henman is one of the most popular tennis players in the UK. He showed his best performances on the global stage. He retired from his career as a professional player in 2007, but many people in the UK remember his great achievements.

Tim was born in 1974. At age 2, he started playing tennis. The reason he started so early might be his family. His family is known as "a tennis family". His grandfather and great-grandmother were also great tennis players. He practised very hard, and soon showed his talent. He finally became a professional tennis player in 1993.

His strength as a player was in his volley. He often played around the net in the middle of the tennis court and attracted spectators with his beautiful volleys. Not only his volley but his stroke was impressive. In the 2000s, players with good stroking skills began to win matches. Therefore, he also improved his stroking skills by practising very hard to keep up with the trend.

He never won the Wimbledon championship in London. He first played at Wimbledon as an amateur player, and, as a professional player, he went to semi-final matches but failed to win them in 1998, 1999, 2001, and 2002. But his fans loved him very much. When he played in Wimbledon, many big fans of Henman gathered. Those who couldn't take a seat watched his game on a large screen in front of the first court. The area around the screen is called "Henman Hill". The big fans of Henman cheered him on from there.

After he retired, a new player, Andy Murray, took his place and realised the British people's long-hoped-for achievement of winning the championship in Wimbledon in 2013. Still, Henman is popular among tennis fans in the UK.

問1 Put the following events (①～④) into the order in which they happened.

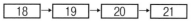

① Tim became a professional player.
② Tim changed his playing style.
③ Tim first played in Wimbledon.
④ Tim retired from his career as a player.

問2 Tim practised stroking because 22 .

① he became poor at volleying
② he wanted to keep up with his coach
③ he was asked by his big fans to do so
④ his rivals were good at stroking

問3 From this story, you learn that 23 .

① Andy Murray has never won the championship at Wimbledon
② "Henman Hill" is called so because Tim played tennis there
③ Tim's grandmother was also a great tennis player
④ Tim was probably influenced by his family when he started tennis

第4問 （配点 16）

You are preparing a presentation on the attitudes of young people. You emailed data about the attitudes of young people in 2018 to your classmates, Daniel and Olivia. Based on their responses, you draft a presentation outline.

The data:

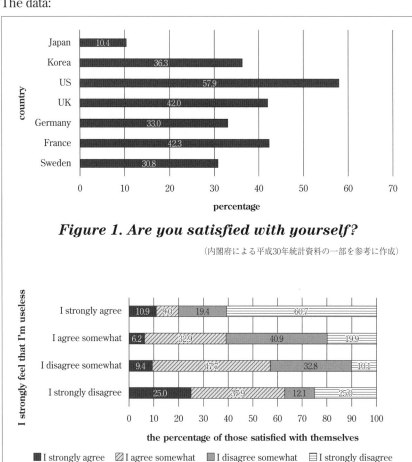

Figure 1. Are you satisfied with yourself?

（内閣府による平成30年統計資料の一部を参考に作成）

Figure 2. Relationship between satisfaction with oneself and self-image (Japan)

（内閣府による平成30年統計資料の一部を参考に作成）

The responses to your email:

Hi,

Thank you for the interesting data. I'm aware young people's attitudes are different from country to country, but I didn't know so many young Americans feel satisfied with themselves. I heard that Americans are more likely to have self-respect. I think that might be the reason for this.

Also, the percentage for France is the second largest according to the data. I'll talk about this. In France, children learn to be different from other people. French people are said to teach their children to put a value on individualism. For example, French children choose to wear what they want to wear. They don't like to wear the same clothes as other children. This is the opposite of Japanese children. They are taught to be the same as other children. They tend to wear the same clothes and don't like to express themselves, because that makes them stand out. This difference may explain the low percentage for young Japanese people.

Of course, young Japanese people's values are changing, so we will have different data in the near future. This is my future research project.

Best regards,
Daniel
P. S. This message is going to Olivia, too.

問題編

共通テスト・第1日程

予想問題・第1回

予想問題・第2回

予想問題・第3回

Hi,

Thank you very much for sending your data! This will help us a lot!

I found from the data that young Japanese people who think of themselves as useless are likely to feel dissatisfied with themselves. I wonder why young Japanese people are unlikely to be content with themselves. I'll make a presentation about this, so I'll look for further information. If you find any information, send me an email. By the way, is this kind of relationship between self-satisfaction and self-image recognized in other countries as well? I'll collect and analyze these data in the future.

Also, as Daniel said, there is a big difference in self-image depending on the country. I recommend that you make a presentation, focusing on the difference between countries. I think it's very interesting.

All the best,
Olivia
P. S. This message is going to Daniel, too.

The presentation draft:

Presentation Title: _Self-Image_ — [24]

Presenter   **Topic**

Daniel: [25]

Olivia: [26]

me: The difference in young people's attitudes between countries

         Example comparison:

         Young people from [27] are over five times less likely to

         feel satisfied with themselves compared to young people from

         [28], and they are likely to feel that they are useless.

Themes for Future Research: [29]

問 1   Which is the best for [24] ?

①   Age of change in values

②   Attitudes of world's young people

③   Borders between self and others

④   Why satisfaction is important

問 2   Which is the best for [25] ?

①   How much self-respect American young people have

②   How young people's attitudes will change in the future

③   What makes young Japanese people feel that they are useless

④   Why young French people are relatively satisfied with themselves

問3　Which is the best for ⬚26⬚ ?

① Changes in images young Japanese people have of themselves
② The reason self-image differs from country to country
③ Why young Japanese people aren't satisfied with themselves
④ Young people from seven countries satisfied with themselves

問4　You take Olivia's suggestion and look at the data. Choose the best for ⬚27⬚ and ⬚28⬚ .

① France
② Japan
③ Korea
④ the US

問5　Which is the best combination for ⬚29⬚ ?

A : How satisfaction and uselessness among the young are related in countries other than Japan
B : How the French way of education should be adopted in other countries
C : In what direction young Japanese people's values will go in the future
D : The reason why young people in the US are more likely to be satisfied with themselves

① A, B
② A, C
③ A, D
④ B, C
⑤ B, D
⑥ C, D

You are going to give a talk on a person you would like to interview if they were still alive. Read the following passage about the person you have chosen and complete your notes.

Elizabeth Blackwell, Who Revolutionized the Medical World

This is the story of Elizabeth Blackwell, the first female doctor in the UK. Elizabeth was born to a wealthy family running a sugar factory in Bristol, UK. However, her family's business gradually went down, and finally in 1832, when she was only 11, her family was forced to move to the US. In the US, her family's business didn't go well. What's worse, her father passed away. That's when Elizabeth decided to make a living as a teacher in Kentucky.

At the same time, she came to show interest in medicine because of what a woman with cancer told her. The woman said, "If I could see a female doctor, I wouldn't have needed to be embarrassed." At that time, there were no female doctors. She realized the need for female doctors and was determined to become a doctor herself. Thus, she began to live in a doctor's house and studied medicine by reading books on medicine by herself.

In 1847, when she was 26, she moved to Philadelphia, Pennsylvania. She sent letters to medical colleges, only to find herself rejected by almost all of them. Fortunately, however, one medical college, Geneva Medical College in New York, accepted her. She was the first woman to be accepted by a medical school. While she was in medical school, she faced discrimination against her, but she didn't give up. She studied very hard and graduated from the college with highest honors in 1849.

After graduation, Elizabeth went to Paris, where she wanted to work as a surgeon. However, she was not allowed to work as a doctor there. There was stronger discrimination against women there than in the US. Though she was not in the position of a doctor, she did her best as a nurse. Perhaps because of her patience, she was gradually allowed to work as a doctor. One day,

however, something terrible happened. She was washing the eye of a baby with an infectious eye disease when the fluid from the baby's eyes went into her right eye. She lost sight in her right eye. That meant she was no longer able to work as a surgeon.

Her dream to be a surgeon was over, but again she didn't give up in the face of difficulty. In 1857, she opened a medical institution for poor women and children in New York. Also, she was now determined to devote all her energy to medical education, especially for women.

In 1858, the law about the qualification of doctors was changed. As a result, in 1859, she was finally registered as a doctor in the UK. Soon the Civil War broke out. During the war, she worked as a nurse and also taught many nurses about the medical field and the practice of medicine. After the war, she made great efforts to found a medical school for women. Then in 1868, she and Florence Nightingale, later called the mother of modern nursing, founded the Woman's Medical College of the New York Infirmary. At the school, she taught preventive medicine as a professor. The medical school turned out a large number of female doctors, and the position of female doctors rapidly improved. Furthermore, she went to the UK to found a medical school for women. She wanted to offer opportunities to become a doctor to women who hoped to be a doctor just like herself. In 1874, she and other female doctors founded the London School of Medicine for Women.

After retirement, she continued to stress the importance of education. She wrote many books on diseases, public health and education. One of her books was translated into Spanish. Thanks to all her efforts, women all over the world had a chance to become a doctor, which was once not allowed.

Presentation notes:

Elizabeth Blackwell

Elizabeth Blackwell, the first female doctor in the world

☆ She became the first registered female doctor in the UK.

☆ ___30___

☆ She wrote a lot of books on medicine and education.

Elizabeth's early life

☆ She faced many difficulties when she was young:

· Her family's business in the UK went down and they moved to the US.

· ___31___

· ___32___

Elizabeth made many achievements in spite of the difficulties she faced.

☆ She was accepted as the first female student by a medical school in the US.

☆ ___33___

☆ ___34___

☆ ___35___

☆ ___36___

☆ She founded a medical school for women in the UK.

Her accomplishments changed the world of medicine

☆ ___37___

☆ The position of female doctors was dramatically improved.

What probably drove her?: ___38___

問題編

共通テスト・第1日程

予想問題・第1回

予想問題・第2回

予想問題・第3回

問 1　Choose the best statement for ☐ 30 ☐.

① She established educational institutions for women.
② She wanted to be a politician to fight against discrimination.
③ She was accepted by several medical schools in the US.
④ She worked as a surgeon in her hospital all her life.

問 2　Choose the two best statements for ☐ 31 ☐ and ☐ 32 ☐. (The order does not matter.)

① Her right eye was infected by a disease, and she lost sight in it.
② No medical college allowed her to enter it.
③ She was discriminated against in the medical college.
④ She was forced to move to Paris by the government.
⑤ The Civil War kept her from becoming a doctor.

問 3　Put the following events into the order in which they happened.
☐ 33 ☐ ～ ☐ 36 ☐

① She became the first woman registered as a doctor in the UK.
② She founded a medical school for women in the US.
③ She graduated from medical school with highest honors.
④ She opened a medical institution for poor women and children.

問4　Choose the best statement for ☐ 37 ☐.

① Great progress was made in treating patients with cancer.

② Many more women became doctors than ever before.

③ She succeeded in helping her family's factory work well.

④ She translated various medical books as a translator.

問5　Choose the best answer for ☐ 38 ☐.

① The belief in a female-dominated society

② The desire to be rich as a female doctor

③ The strong belief in the need for female doctors

④ The strong bond with her friends

A You are an exchange student in the United States, and you are a member of the Sports Day committee. You are reading an American online sports magazine article to get some ideas to help improve the Sports Day.

Throwing Is Believing

By Lucas Abbott
Feb. 2, 2021

We say we enjoy sports. But how many people are really included in that word "we"? In general, sports require a lot of physical movement. Therefore, there is a natural limit to the number of sports that can be played by people with physical disabilities. However, various efforts are being made all over the world, and various countries and organizations have been aiming at the "normalization" of sports. The sport I will introduce here is boccia, a sport in which a relatively wide variety of people can participate.

Boccia, which means "ball" in Italian, is a sport played with leather balls, 1 white one, 6 red ones and 6 blue ones. The rules are relatively simple. The court is 12.5 meters long and 6 meters wide. First, a white target ball is thrown on the court. Competitors then take turns throwing the red or blue balls several times. The side that can get closest to the target ball wins the game. Boccia is also called "curling on the floor" because it is like curling, which is played on ice.

One of the appealing features of boccia is that even those with relatively severe disabilities can participate without handicap. This is because the sport was originally invented for cerebral palsy patients, who typically have limitations to the movement of their body. You can enjoy the sport even if you cannot throw a ball directly. You can use various types of slopes, called ramps, to roll the ball in the direction you want it to go. You can also put a stick called a head pointer on your head to hold the ball, which works well as long as you can move your body above your neck. Even if the player cannot move at all, the rules allow the assistant to roll the ball for him/her if he/she can communicate his/her intentions to the assistant.

Another attractive feature of this sport is that it can be enjoyed by a wide range of people, both physically challenged and able-bodied. The only rule restriction is the number of players, which can be individuals, pairs or groups of three. No distinction is made between men and women. Furthermore, it does not require a lot of strength to roll the ball, so both physically strong and weak people can enjoy this sport equally. Moreover, age is not a disadvantage.

In this way, boccia is a wonderful sport that can be enjoyed by all people equally. Boccia has been an official sport at the Paralympic Games since the 1988 Seoul Games. Boccia is now enjoyed in about 40 countries around the world. Also, its popularity and recognition is increasing, with many companies donating equipment and other support. Hidetaka Sugimura, a Japanese boccia player says, "What is attractive about boccia is ... throwing is believing." If you've never played it before, why not give it a try?

問1　According to the article, ☐ 39 ☐.

① a blue ball is the target to aim at
② a boccia court has a round shape
③ boccia includes three different colored balls
④ three groups can play boccia at a time

問2　The author of this article most likely mentions slopes and a stick to say that boccia ⬚40⬚ .

① can be enjoyed by patients with serious disabilities
② is just like curling, which is played on the ice
③ offers a lot of obstacles to overcome in the game
④ requires you to use various tools in the game

問3　You are summarizing this article for other committee members. Which of the following options best completes your summary?

[Summary]
Boccia is a sport enjoyed by various kinds of people. One advantage is that many physically challenged people can enjoy the sport. Also, almost everyone can enjoy it regardless of gender and age. As a result, boccia ⬚41⬚ .

① has attracted people all over the world
② has become an official sport in the Olympics
③ has helped physically challenged patients recover
④ has promoted stereotypes regarding gender

問4　Your Sports Day committee agrees with the ideas shown in the article. Based on these ideas, your committee might ⬚42⬚ .

① decide on sports events according to sex
② increase the opportunity for ball sports
③ make a change to the original rules of boccia
④ offer sports events everyone can enjoy equally

B You are one of a group of students making a poster presentation for the cultural festival at your school. Your group's title is *Take a Nap and Work Better*. You have been using the following passage to create the poster.

The Wonder of a Nap: Sleeping at Work

Have you ever fallen asleep during class and been scolded by your teacher? If the answer is yes, you're quite normal. In recent years, the importance of naps, a short sleep in the day, has been recognized in the business world. Firstly, naps are essential for efficient work. If you work from morning, you naturally feel sleepy in the afternoon and have trouble concentrating and paying attention. But if you take a nap of 15 to 30 minutes, then you can work efficiently till the evening. You can expect fewer mistakes and accidents while working. Also, naps help make up for lack of sleep. Even when you didn't sleep enough the previous night, you can recover quickly by sleeping for only a short time. Furthermore, it is said that naps remove physical and mental fatigue, which leads to reducing stress and depression.

Although many people know that naps are beneficial, it is still difficult to sleep at their workplaces. They believe that they should sleep at night and not in the day. For example, one office worker said, "I can't sleep while my colleagues are working around me. I even feel a sense of guilt." Workers' attitudes toward taking a nap plays an important part in making the situation better. However, this is also a problem of the work environment, so each individual alone can't do much about it. The solution depends on how companies improve their work environment.

Now, more and more companies have begun to improve the situation. According to a survey, the percentage of companies equipped with sleeping rooms went up from 1% to about 6% between 2015 and 2018. Arianna Huffington, the founder of HuffPost, an online medium in the US, introduced the "EnergyPod," a chair designed for taking a nap, in her company. She stresses the importance of taking a nap because she once had a terrible experience of fainting due to a lack of sleep. The US Internet giant Google has also installed EnergyPods in their headquarters to improve work efficiency. David Radcliffe, vice president of Google's Real Estate and Workplace Services, said, "No workplace is complete without a nap pod." Nike, too, is a company that places a high value on sleep. The company looks at individual employees' sleep patterns and rhythms, and suggests the best working time for each of them. It is, of course, equipped with a nap room.

Private companies are not the only organizations that promote sleeping during work. Educational institutions such as Virginia Tech, University of Miami and University of Florida have already introduced EnergyPods. NASA also makes sure that workers take a nap and work efficiently and safely. According to research conducted by NASA, a 26-minute nap improved the subject's cognitive ability by 34% and their attention by 54%. In space missions, which require high levels of cognitive abilities and attention, taking a nap plays a crucially important role.

If you're working or studying at home, the same is true. You can take a nap in the day and improve the efficiency of afternoon work or study. However, there are some points you should note. You shouldn't sleep long. Some people nap for one hour or even longer, but it prevents us from working efficiently or sleeping well at night. The best amount of time is 15 to 30 minutes. It is also desirable for you to sit in a chair with your watch and accessories off while taking a nap. If you lie on a bed, you'll have difficulty getting up. Consuming a little caffeine would be also helpful. Since caffeine works on you about 20 to 30 minutes after you take it in, it is good to have coffee before you take a nap. Taking a nap will make your quality of work even better. Why don't you try napping at work?

Your presentation poster:

Take a Nap and Work Better

1. Why is taking a nap important?

A. It improves concentration.

B. It helps us avoid mistakes or accidents.

C. It keeps you mentally healthy.

D. It keeps you looking young.

E. It helps you recover from lack of sleep.

2. ☐ 44

HuffPost: introduced nap pods based on the founder's experience

Google: installed nap pods to improve work efficiency

Nike: made a nap room and suggested flexible working hours according to the employees' sleep patterns and rhythms

Virginia Tech: introduced nap pods

NASA: introduced nap pods and carried out research (see Figure 1)

☐ 45

Figure 1. cognition and attention ∕ time spent napping.

3. Tips for taking a good nap

☐ 46
☐ 47

問1　Under the first poster heading, your group wants to express the importance of taking a nap as explained in the passage. Everyone agrees that one suggestion does not fit well. Which of the following should you **not** include? 43

① A
② B
③ C
④ D
⑤ E

問2　You have been asked to write the second heading for the poster. Which of the following is the most appropriate? 44

① Private companies' measures to promote napping
② Reasons for introducing nap pods in organizations
③ The importance of having a nap room in companies
④ Various organizations' efforts to encourage napping

問3 You want to show the results of the research by NASA. Which of the following graphs is the most appropriate one for your poster? $\boxed{45}$

①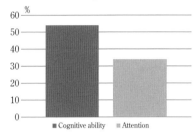

②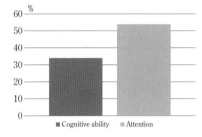

③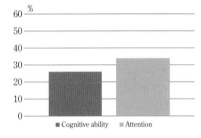

④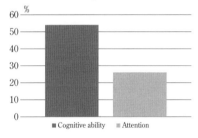

問4 Under the last poster heading, you want to add specific tips for taking a nap at work based on the passage. Which two of the following statements should you use? (The order does not matter.) $\boxed{46}$ · $\boxed{47}$

① Don't take too long a nap.
② Have some coffee after your nap.
③ Lie on a bed to relax.
④ Take a nap in a dark room.
⑤ Take off anything tight on your body.

予想問題・第3回

100点／80分

A You are a member of the English club. You are going to host a welcome party for a new member, Pakorn from Thailand. You received a note from Sean, an Assistant Language Teacher (ALT) and the club advisor.

Dear members of the English Club,

It's time to decide what to do at Pakorn's welcome party. I think we should try to get to know him well. Can you think of some questions to ask him? Please make a list of questions, if possible, so I can give them to him in advance. Also, I think it's a good idea to get him something, like a pen or cake. Please tell me what to buy and when it is convenient for us to go buy it. I'm looking forward to the party!

Best wishes,

Sean

問1　The teacher wants you to consider [1].

①　how to give a note to Pakorn

②　how to make friends with Pakorn

③　what you want to know about Pakorn

④　when to hold a welcome party for Pakorn

問2　The teacher would also like to know [2].

①　how much money you can spend on a present

②　what you think is the best present for Pakorn

③　when it is possible to make a list of questions

④　when Pakorn will join the English club

B You are visiting the city hall of your city. You've found an interesting notice there.

RESE
Rainbow City English Special Events

CALL FOR JAPANESE STUDENTS' PARTICIPATION

ENJOY ENGLISH DAY

What is Enjoy English Day?

Enjoy English Day is an event for high school students to enjoy communicating with foreign students studying in Japan. Our purpose is to help Japanese students realize how fun it is to use English as a communication tool.

Date	Saturday, December 3, from 1:00 PM to 3:00 PM
Place	Rainbow Community Center
Event	(1) Warm Up 1:20 – 1:40 PM ● Self introductions ● Sing Christmas songs together (2) Lesson Time: Vocabulary Quiz 1:40 – 2:00 PM ● Learn how to express things around you in English from foreign students ● Take the quiz (3) Lesson Time: Foreign Culture 2:00 – 2:20 PM ● Learn about national holidays in English (4) Presentation 2:20 – 3:00 PM ● Make a presentation in English using what you've learned

* Students of any English level can participate for free.
* Parking is not available. Please use public transportation.

問1　The purpose of this notice is to ▢3▢.

  ① ask for students' participation in helping host an event
  ② encourage foreign students to communicate with Japanese people
  ③ notify foreign students about an event
  ④ tell Japanese students about an event

問2　During the event, the Japanese students are going to ▢4▢.

  ① answer quizzes about Japanese culture
  ② learn some English words
  ③ listen to foreign students' presentations
  ④ make Christmas songs with foreign students

問3　At the event, participants should ▢5▢.

  ① come by car
  ② introduce someone to foreign students
  ③ sing their favorite songs
  ④ speak in English

第2問 （配点 20）

A You are a member of your school's cooking club, and you want to make something different. You found a recipe for a tasty-looking dish on a website.

LOW-CALORIE, EASY AND HEALTHY RECIPES

Here is one of the top 10 meat dishes as rated on our website. You will find this dish healthy and delicious.

<u>Tofu Hamburg Steak</u>

 : tablespoon(tbsp)

Ingredients (serves 4)

1 block tofu   1/4 onion   🥄 × 2 olive oil

....

A : 200g ground beef / pork mix   salt

....

B : 🥄 × 2 milk   1 egg   pepper   🥄 × 4 bread crumbs

....

| **Instructions** |

❶ Preparation: Wrap the tofu in paper towels to remove excess water.

❷ Crush the tofu into small pieces. Fry the onion with 1/2 tbsp olive oil for 2 minutes and let it cool for 10 minutes.

❸ Put A into a bowl and mix together, then add items from B and ❷.

❹ Create 4 tofu hamburg patties using the mix you've created.

❺ Heat 1 1/2 tbsp olive oil in a frying pan, and fry the tofu hamburg patties for 7 minutes.

❻ Serve hot and enjoy!

◇◇◇

REVIEW & COMMENTS

 home@cooking January 16, 2021, at 8:02
This is so yummy! Also very healthy.

 hamburg@love January 18, 2021, at 7:05
Very healthy. Perfect when on a diet. I've made it a lot of times for my husband.

問1　This recipe would be good if you want to [6].

① cook potatoes for breakfast

② eat something cool

③ eat something that will help you lose weight

④ prepare a quick meal without using heat

問2　If you follow the instructions, the dish should be ready to eat in about [7].

① 15 minutes

② 25 minutes

③ 35 minutes

④ 45 minutes

問3　Someone who does not like raw egg may eat this dish because [8].

① egg isn't used

② the egg is cooked

③ the egg is fresh

④ the egg is tasty

問題編

共通テスト・第1日程

予想問題・第1回

予想問題・第2回

予想問題・第3回

問4 According to the website, one **fact** (not an opinion) about this recipe is that 9 .

① it is easy to make
② it is good for husbands
③ it is delicious
④ it requires milk

問5 According to the website, one **opinion** (not a fact) about this recipe is that 10 .

① a wife made this dish for her husband
② it is good for those who don't like meat
③ it is good for your health
④ the recipe was posted by a wife

B Your English teacher gave you an article to help you prepare for the debate in the next class. A part of this article with one of the comments is shown below.

Using Your Phones in Exams

By Alice Adams, Madrid
DECEMBER 14, 2020, 5:06 PM

A new policy is planned at Riverside High School in Spain. They are planning to allow students to bring in their smartphones for the exams. This is a very big change in policy, as smartphones in exams have always been banned.

Some people are in favor of the new plan. One teacher says, "Those who are against the idea are dinosaurs. In this age of the Internet, using a smartphone to gather necessary information online is important." In fact, there is one Japanese school that has already begun allowing applicants to bring their own smartphones for entrance exams. A teacher at that school said, "We feel that we can measure the students' ability to think."

On the other hand, some people are against this change. Some teachers say that students will not memorize what they need to memorize, so academic performance itself will go down. One parent says, "If students get used to using smartphones, they will become unable to think for themselves." Another parent worries that the test might not work well because of problems with smartphones

---

15 Comments

Newest

Linda Sly December 15, 2020 7:11 PM

I think the new plan will work. Information is now available everywhere. This is why it is important to have the ability to use the information when it is given to us.

問1 According to the rule explained in the article, students at Riverside High School in Spain will be allowed to ⬚11⬚.

① bring their smartphones to school
② change the policy about smartphone use
③ search for information online during exams
④ use their own smartphones after school

問2 Your team will support the debate topic, "Smartphone use for the exam should be permitted." In the article, one **opinion** (not a fact) helpful for your team is that ⬚12⬚.

① it is important to develop the students' ability to think by using smartphones
② one Japanese school adopted smartphone use for entrance exams
③ students should learn to use smartphones to deal with online data
④ using smartphones will increase the ability to communicate with others

問3 The other team will oppose the debate topic. In the article, one **opinion** (not a fact) helpful for that team is that ⬚13⬚.

① it is unfair that some use smartphones, while others don't
② students can play online games with smartphones
③ students will not study hard if they can use smartphones in the exam
④ the cost of repairing smartphones would be too high

問4　In the 2nd paragraph of the article, "Those who are against the idea are dinosaurs." means that people against the new change ⬚14⬚.

　① are behind the times
　② are very aggressive
　③ discuss something important
　④ don't follow rules

問5　According to her comment, Linda Sly ⬚15⬚ the new policy stated in the article.

　① has no particular opinion about
　② partly agrees with
　③ strongly agrees with
　④ strongly disagrees with

問題編

共通テスト・第1日程

予想問題・第1回

予想問題・第2回

予想問題・第3回

A You found the following story on a blog written by an exchange student in your school.

School Festival

Saturday, November 3

I went with my classmate Mary to our school festival. We explored throughout our school and saw the exhibitions that each class had prepared. First, we saw a science show in the science room. In the show, students showed us interesting experiments. They were so exciting I almost overcame my hate of science!

Next, we tried goldfish scooping. Mary caught five goldfish, but I didn't catch any. Oh well, next time! The fish Mary caught were released in the tank again, according to the rules. At lunchtime, we ate *okonomiyaki* and *yakisoba* outside. We also had spicy fried chicken. Since it was a little chilly outside, I wished the chicken were hotter. Still, everything was great and I was happy to try some traditional Japanese food.

In the afternoon, we tried a homerun challenge! We each took ten pitches and competed to see how many homeruns we could hit. I'm a member of the school's baseball team, so I was really confident I would take first place. However, I regret to  report bad news — I couldn't hit a single homerun. I was so disappointed. Then something miraculous happened. Can you believe it? Mary hit three homeruns! The staff member said it was difficult even to hit one. But she didn't hit one; she got three! Mary looked very happy on the victory stand.

We had a lot of fun at the school festival. It was truly a memorable experience.

問1　At the school festival, ⬚16⬚.

①　the chicken was hotter than the writer wished

②　the goldfish caught were taken home

③　the homerun challenge was held in the morning

④　the science show was exhibited indoors

問2　You learned that the writer of this blog ⬚17⬚.

①　could catch no goldfish, but managed to catch some another time

②　failed in more than one activity but he was satisfied with the school festival itself

③　tried some Japanese dishes and took third place in the homerun challenge

④　was pleased when he hit three homeruns in the homerun challenge

B You found the following story in a study-abroad magazine.

Sleeping While Moving

Kanako Yoshida (Teaching Assistant)

I'd like to tell you an interesting story one of my students told me. It is about cultural difference.

Marie, an exchange student from France who came to Japan on a short-term program, is a hard-working student. She doesn't sleep well, because she studies Japanese until late at night every day. One day, she was on the train, and she was very tired. At first, the train was so crowded that she could not sit down. But after standing for a while, she got a seat. She was happy to be able to sit down. After riding the train for several minutes, she noticed something. Many people around her were sleeping. She was very surprised because she didn't see many people sleeping on the train in her country.

The next day at school, she told her classmates about this. Her classmates told her that falling asleep on the train is common in Japan and that in Japan, you seldom have your belongings stolen while sleeping on the train. She knew Japan was said to be a safe country, but she hadn't realized it was that safe. So she decided to try sleeping on the train. She had never slept on a train before, so she was very worried that she would not be able to get off at her stop.

At first, she had a hard time falling asleep, but eventually she fell asleep. And when she woke up, the train was at her stop. She was very satisfied. She said, "I think I will continue to sleep on trains in Japan to make up for my lack of sleep."

From this experience, we can learn that some of the things we see every day are not natural in other countries. To look to such differences will surely lead to understanding other cultures well.

問1　According to the story, Marie's feelings changed in the following order: ⎡　18　⎤.

① fatigued → concerned → content → surprised → glad

② fatigued → concerned → glad → surprised → content

③ fatigued → content → concerned → glad → surprised

④ fatigued → glad → content → surprised → concerned

⑤ fatigued → glad → surprised → concerned → content

⑥ fatigued → surprised → glad → content → concerned

問2　The reason for the cultural difference Marie noticed on the train was probably ⎡　19　⎤.

① the amount of sleep

② the better seats

③ the comfort in trains

④ the degree of safety

問3　From this story, you learned that Marie ⎡　20　⎤.

① fell asleep successfully on the train but failed to get off at the station

② had never slept on the train in her country, but was able to do so in Japan

③ succeeded in sleeping on the train but doesn't want to do such a thing again

④ was not only able to sleep on the train but also during class at school

問題編

共通テスト・第1日程　予想問題・第1回　予想問題・第2回

予想問題・第3回

第 4 問 　（配点　16）

In class, everyone wrote a report based on the graph below. You will now read the reports written by Yoko and Jeff.

Below are the results of a survey that was given to freshman university students in America and Japan.

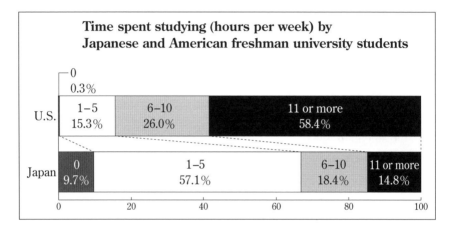

Time spent studying (hours per week) by Japanese and American freshman university students

	0 0.3%		
U.S.	1–5 15.3%	6–10 26.0%	11 or more 58.4%
Japan	0 9.7%	1–5 57.1%	6–10 18.4% · 11 or more 14.8%

0　　　　20　　　　40　　　　60　　　　80　　　　100

Yoko Tanaka

It wasn't surprising to me that some Japanese university students don't study at all. Most of my university student friends in Tokyo only study before exams. There are a number of reasons why they don't study as much as American students.

First, in Japan, it is much easier to graduate from university once you enter. In an extreme case, some students can graduate even without taking tests or writing academic papers. Second, most Japanese university students are very busy doing something other than studying. For example, students who want to work for a Japanese company will need to have many job interviews while they are students. I've heard it is not unusual for some students to apply to more than 20 companies and have as many as 50 interviews.

I don't believe this is good for Japanese students. It is now and only now that they have time to study. There is not much time to study after they've graduated. So, I'd like to tell this to Japanese students by giving a presentation in front of them. I'll stress that they shouldn't forget that American students, who are equally busy, manage to study up to 4 times as long as Japanese students. So they can do it, too.

Jeff Beck

I was surprised that as many as 10% of Japanese freshman university students don't study at all. Since the stereotype is that Japanese people are very diligent, I thought that Japanese students would spend more time studying.

As shown in the graph, American university students generally study very hard. This is because it is difficult to graduate from American universities without studying hard. American university students have many daily assignments and are also required to study a foreign language. If they fail to keep up with other students, they face the risk of being kicked out. That's why most American university students study until late at night every day, and some university libraries are open 24 hours a day.

I think it's good that American university students study hard, because the duty of students is to study, not to do other things. As far as I know, many American university students also enjoy club activities and other activities outside of school, such as volunteering in the community.

I'd like Japanese university students to see American students as good role models. To this end, I plan to write a newsletter to Japanese university students. After reading my newsletter, I hope many Japanese students will realize that studying is their duty, and they'll come to spend more time enjoying their studies.

問1　Neither Yoko nor Jeff mentions 　21　.

① American university students have a lot of homework
② Japanese students study four times as long as American students
③ some Japanese students graduate without writing any academic papers
④ some university libraries in the U.S. are open around the clock

問2　Both Yoko and Jeff say that Japanese students should 　22　.

① have time to participate in club activities
② prepare for job interviews
③ spend time working
④ study more

問3　According to the reports, one of the reasons why Japanese students spend less time studying is that 　23　.

① they have difficulty in graduating
② they're busy
③ they're diligent
④ they're lazy

問4　According to the reports and the graph, which of the following are true?
(Choose two options. The order does not matter.)　24 ・ 25

① In America, every student studies at least sometimes.
② Japanese students and American students are equally busy.
③ Japanese students do volunteer work as a part of their studies.
④ Japanese students have to study a foreign language.
⑤ Japanese students who study 6 to 10 hours a week account for over 20%.
⑥ The percentage of American students who study for 11 hours or more per week is the largest.

問5　Based on the information from both reports, you are going to write a summary for homework. The best title for your summary would be
"　26　."

① American University Libraries — Supporting Hardworking Students
② Comparison: Time Spent Studying between American and Japanese Students
③ Presentation: Encouraging American Students to Study Harder
④ The Japanese Educational System and Its Problems

Your group is preparing a poster presentation entitled "The Person Who Created the World's Fast Food Industry," using information from the magazine article below.

Colonel Harland Sanders was born on September 9, 1890, in Henryville, Indiana. His father passed away when he was six, and his mother raised him and his brothers and sisters while working at a factory. He started working on a farm at age 10, and worked at more than 40 kinds of jobs, including as a streetcar conductor and as an insurance salesperson. When he was in his late 30s, he began to run a gas station in Nicholasville, Kentucky, which soon failed due to the Great Depression.

At the age of 40, Sanders started a small restaurant called Sanders Café next to the gas station, after a customer suggested it. The restaurant had only 6 seats, and he worked as manager of the gas station and as a clerk at the restaurant. Because of its convenient location, many people visited the restaurant. He gradually expanded the scale of his restaurant, and was even honored as "a Kentucky Colonel" in 1935 by Governor Ruby Laffoon.

In 1937, Sanders Café grew to a large restaurant with 142 seats. After a fire in 1939, he rebuilt the restaurant with a capacity of 147 people. At that time, the item that sold best was his fried chicken. Colonel Sanders' method of cooking fried chicken has been handed down for more than 70 years as the original recipe. Today the restaurant exists as Sanders Cafe & Museum and has been registered as a historical building in the United States.

After closing the restaurant in 1952, Colonel Sanders traveled across the country and to Canada by wagon. He taught his fried chicken recipe and received money in return. This business model is called franchising. Franchising had become popular in the U.S. as a new business model in the 19th century. Sanders adopted this method and became very

---

successful. The number of franchise restaurants called Kentucky Fried Chicken (KFC) increased to 400 in the U.S. and Canada in 1960, followed by 600 in 1964, and finally rose to more than 3,500 in 1969.

In 1964, Colonel Sanders sold the rights to KFC to John Y. Brown Jr. and retired. However, he continued to travel around the world to see if his method of cooking fried chicken was followed in each KFC restaurant. He died on December 16, 1980, at the age of 90, in Louisville, Kentucky.

The Person Who Created the World's Fast Food Industry

■ The Life of Colonel Harland Sanders

Period	Events
1890s	Sanders spent his childhood in Henryville.
1900s – 1920s	27
1930s – 1940s	28
1950s and beyond	29 ↓ 30 ↓ 31

Colonel Harland Sanders

■ About KFC

▶ Sanders launched Sanders Café in 1930.
▶ This restaurant grew in size. : 32 33

■ Reasons for success: An effective business model and patience

▶ Sanders adopted an effective business model: 34 .
▶ Sanders succeeded because he was patient in a number of ways: 35 36

問1 Members of your group listed important events in Sanders' life. Choose the five events that happend and put the events into boxes [27]~[31] in the order they occurred.

① Sanders closed his restaurant.
② Sanders downsized his restaurant.
③ Sanders established Sanders Café.
④ Sanders had numerous jobs.
⑤ Sanders sold the rights to KFC.
⑥ Sanders traveled around the country in a wagon.

問2 Choose the two best statements to complete the poster. (The order does not matter.) [32]・[33]

① The number of his restaurants reached 142 in 1937.
② The number of his restaurants reached 147 in 1939.
③ The number of his restaurants reached 400 in 1960.
④ The number of his restaurants reached 1,000 in 1964.
⑤ The number of his restaurants reached over 3,500 in 1969.
⑥ The number of his restaurants was only 6 in 1930.

問 3 Which of the following most likely made KFC successful? $\boxed{\text{34}}$

① cooking different kinds of fried chicken
② cooking the fried chicken with machines
③ limiting the kinds of ingredients used in cooking
④ showing the recipe and gaining money in return

問 4 Choose the two best statements to complete the poster. (The order does not matter.) $\boxed{\text{35}}$ · $\boxed{\text{36}}$

① He continued to eat fried chicken every day.
② He continued traveling to a variety of countries for fun.
③ He failed in his business in his thirties, but continued to work hard.
④ He rebuilt his restaurant after it was damaged by a fire.
⑤ He took care of his brothers and sisters when he was young.
⑥ He worked for the same company for all his life.

A You are preparing for a group presentation on field trips to museums for your class. You have found the article below.

What's the Benefit of Field Trips to Museums

[1]　Schools are not the only place for high school students to learn. Museums are another place for them to learn. Many people talk about the benefits of field trips to museums. For example, some people say that they can learn things that they cannot learn in school. Others say it is a way to relax and learn in a non-school environment. However, the benefits of field trips to museums cannot be expressed in a few words. In this article, I would like to consider the benefits of field trips to art museums from the viewpoint of both the students and the museums.

[2]　Students can develop an interest in works of art by going to museums. Since students are young and flexible in their thinking, they often have a flexible view toward works of art. For example, when looking at a piece of art, adults cannot see it with a blank mind. However, students are able to judge the work as they see it. As a result, students can develop an appreciation for works of art. Students can also learn about the history of the artworks and the lives of the artists through the artworks and the explanations of them. They can successfully gain knowledge when the work is actually in front of the student's eyes. The knowledge acquired in this way becomes a precious part of their education. It will stay with them for the rest of their lives, making their lives rich.

[3]　In addition, field trips to art museums may be an opportunity for students to enter the world of art. By seeing various works of art, some students may think that they too would like to paint, sculpt or work in another medium. Someday in the future, some of these students may become the ones to create wonderful works of art.

[4]　On the other hand, field trips to museums also have advantages

---

for museums. Museums rely on ticket sales for their income. When a group of students from a school visits a museum, the museum receives a large amount of money. Of course, they can also run advertisements and hope that the public will visit. In that case, however, only people who are interested in art will visit. In the case of field trips, students who are not interested in art at all will also come. This is very helpful to the museum in terms of profit. In addition, the museum can make more profit by giving out free-parking passes to the students and encouraging them to return with their families. In fact, there is data that shows that 60% of the students at one museum who were given passes came back.

[5]   The museum staff can also benefit from museum field trips. Meeting and interacting with young, active students and answering their questions is exciting and fun for museum staff. One museum employee said, "The young students sometimes ask questions that we have never thought of before. Sometimes we have to go through a lot of books to answer them, and it's very stimulating."

[6]   As you can see, there are many advantages to field trips to museums. It is important to create an educational plan with these advantages in mind.

問1　According to the article, the author thinks field trips to museums have value for students because 　37　.

① they allow students to relax outside school

② they enable students to meet artists in person

③ they give students the ability to evaluate artworks

④ they make it possible for students to develop painting skills

問2　According to the article, museums [38].

① can make money from field trips to museums
② depend mostly on advertisers for money
③ have staff members who are curious and ask students questions
④ would like only students interested in art to come

問3　In paragraph [4], the author most likely mentions the percentage of visitors in order to give an example of [39].

① how effective distributing parking passes is
② how many people visit the museum by car
③ the students' increased interest in art
④ what kind of students visit the museum again

問4　Which of the following statements best summarizes the article? [40]

① A museum field trip is good for students because it helps them realize how they are related to the people of various time periods.
② As a non-profit organization, museums should make sure to offer value to the society they belong to.
③ Aside from the common beliefs about museum field trips, they have many other benefits for both students and museums.
④ It is a museum's duty to encourage more school students to participate in museum field trips because of their value to society.

B You are preparing for a group presentation about tool use in humans. You have found an article on the main difference between chimpanzees and bonobos. You are going to read the article and take notes.

[**Part 1**]

Humans are tool-using animals. We use everything from knife and fork to computers in our daily lives. It is not too much to say that we are doing well because we can use tools. However, how we have come to use tools is still a mystery. Dr. Kathelijne Koops, human evolution researcher at the University of Cambridge, UK, says, "The question of 'what makes a tool user?' is a key one in human evolution." The answer to the question may lie in the differences between chimpanzees and bonobos, our closest relatives. Chimpanzees and bonobos are very similar, but there is a big difference. The difference is whether they use tools or not. Chimpanzees actively use tools. For example, chimpanzees can use a stick to "fish" ants and other insects. They can also use stones to crack hard nuts. They even use tools for communication and grooming. Bonobos, on the other hand, rarely use tools. They hardly ever use tools including when trying to get food.

[**Part 2**]

Here arises a question. Is this difference in tool use between chimpanzees and bonobos because of their nature or their environment? To answer this question, Koops and her colleagues from Kyoto University conducted a very difficult study in Congo and Uganda, Africa. For several months, they followed chimpanzees and bonobos. During the survey, they checked if they had any things around them that could be used as tools. They also watched as these apes interacted with others. By doing so, they tried to see if the environment was an important factor in tool use. In addition, they also explored how often these young apes used tools. This is how they tried to see whether the difference comes from something they are born with.

[**Part 3**]

The results of the study showed that differences in tool use were not related to their environment. First, both chimpanzees and bonobos had similar opportunities to use tools. They had about the same number of tools and foods in their territories. Second, bonobos were more likely than chimpanzees to interact with others. Moreover, young bonobos spent more time with their mothers than young chimpanzees. Thus, they had an environment in which they could learn to use tools from others. However, the bonobos still did not use tools. This means that there is a natural difference in tool use between bonobos and chimpanzees. This study suggests that humans are born with a natural tendency to use tools, just like chimpanzees. This natural tendency is thought to play a major role in human tool use.

Complete the notes by filling in ⬚ 41 ⬚ to ⬚ 48 ⬚.

Notes

Outline:

    Part 1:   ⬚ 41 ⬚

    Part 2:   ⬚ 42 ⬚

    Part 3:   ⬚ 43 ⬚

Table: Comparing Chimpanzees and Bonobos

Common points	Differences
⬚ 44 ⬚ , ⬚ 45 ⬚	⬚ 46 ⬚ , ⬚ 47 ⬚

Main points: ⬚ 48 ⬚

問1　The best headings for Parts 1, 2, and 3 are ⬚41 , ⬚42 and ⬚43 , respectively. (You may use an option only once.)

① an explanation of the research conducted

② differences between chimpanzees and bonobos in tool use

③ findings on the cause of the differences between chimpanzees and bonobos

④ similarities between bonobos and human beings in tool use

問2　Among the following, the common points between chimpanzees and bonobos described in the article are ⬚44 , ⬚45 , while the differences are ⬚46 , ⬚47 . (The order doesn't matter between 44 and 45 or between 46 and 47.)

① their chances to gain food

② their natural tendency to use tools

③ their number of children

④ the kind of foods they eat

⑤ the number of tools available

⑥ time spent with their mothers

問3　This article mainly discusses ⬚48 .

① the difference between chimpanzees and bonobos, and how important a role natural factors play in driving the tool use of humans

② the reason chimpanzees and bonobos are different from human beings in the way they use tools effectively

③ the reasons why chimpanzees are better at using tools than bonobos, but why they aren't as skillful as human beings

④ the similarities between chimpanzees and bonobos, and also the differences between them in their environment

MEMO

MEMO

MEMO